Dr. med. Christel Kannegießer-Leitner

Das ADS-Schnellprogramm für zu Hause

Erfolg mit der Psychomotorischen Ganzheitstherapie

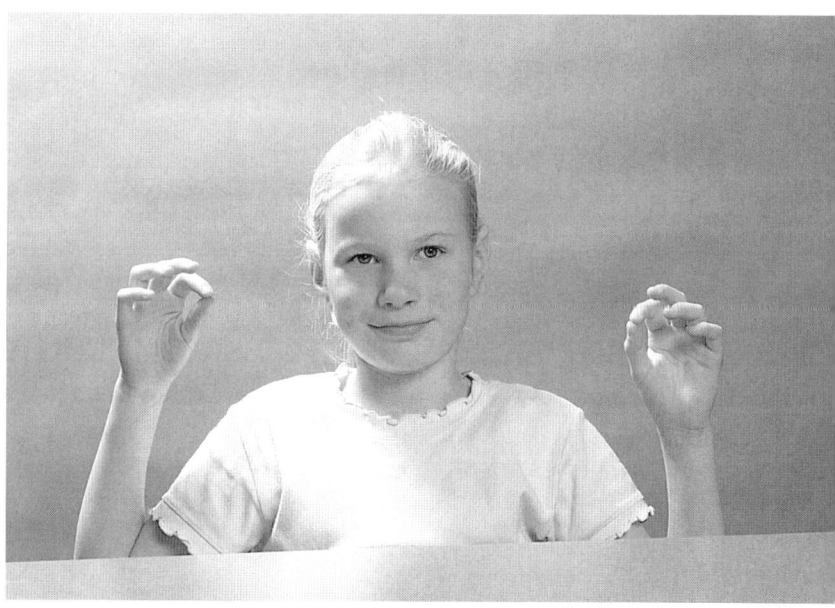

Ravensburger Ratgeber im Urania Verlag

Weitere Titel zum Thema bei Urania:
Cordula Neuhaus: Das hyperaktive Kind und seine Probleme. ISBN 3-332-00872-2
Cordula Neuhaus: Hyperaktive Jugendliche und ihre Probleme. Erwachsen werden mit ADS – Was
Eltern tun können. ISBN 3-332-01088-3
Rita Schwark/Ute Laue: Legasthenie. Ein 15-Minuten-Programm für jeden Tag. ISBN 3-332-01253-3
Helmut Weyhreter: Konzentrationsschwäche. Wie Eltern helfen können. ISBN 3-332-01090-5

Die Deutsche Bibliothek – CIP-Einheitsaufnahme
Ein Titeldatensatz für diese Publikation ist bei Der Deutschen Bibliothek erhältlich.

Die Schreibweise entspricht den Regeln der neuen Rechtschreibung.

Die Autorin: Dr. Christel Kannegießer-Leitner, Ärztin und Mutter von vier Kindern, entwickelte ihr
Konzept der Psychomotorischen Ganzheitstherapie, indem sie ihre Arbeit interdisziplinär aus-
richtete und gleichzeitig die Möglichkeit aufzeigte, wie die aktive Mitarbeit engagierter Eltern
wesentlich zu stärken ist. 1993 eröffnete sie in Rastatt ihre Praxis, in der sie Therapieprogramme
u. a. für entwicklungsauffällige Kinder erstellt. Inzwischen hat sie aufgrund der großen Nachfrage
weitere Kolleginnen in ihre Arbeitsweise eingearbeitet.

www.dornier-verlage.de
www.urania-ravensburger.de

1. Auflage März 2002
© Urania Verlag, Berlin
Der Urania Verlag ist ein Unternehmen der Verlagsgruppe Dornier.

Umschlaggestaltung: Behrend & Buchholz, Berlin
Titelfoto: Corbis Stock Market / George Shelley
Fotos: Ernst Fesseler, Bad Waldsee
Redaktion: Jeanette Stark-Städele
Satz: Thoms Buchdesign, Berlin
Druck: Westermann Druck Zwickau
Printed in Germany

Gedruckt auf alterungsbeständigem Papier mit chlorfrei gebleichtem Zellstoff

ISBN 3-332-01304-1

Inhalt

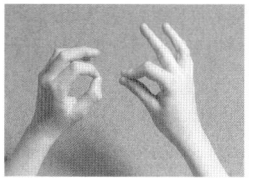

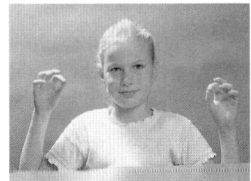

Einführung

Das Aufmerksamkeits-Defizit-Syndrom (auch mit Hyperaktivität) ist als Symptomatik seit ungefähr 150 Jahren bekannt. Denn der Zappelphilipp aus dem Struwwelpeter von A. Hofmann dürfte wohl genau diese Symptomatik aufweisen. Auch die ersten Erkenntnisse über die Lese-Rechtschreib-Schwäche und Rechenschwäche sind nicht erst in den letzten Jahren gewonnen worden, sondern bereits Anfang des letzten Jahrhunderts.

Trotzdem ist das Wissen hierüber oftmals – bei Pädagogen, Ärzten oder auch Eltern – noch sehr bruchstückhaft. Dies gilt leider nicht nur für noch unerforschte Details, sondern auch für Erkenntnisse, die schon seit längerem Allgemeingut sein sollten.

Allmählich setzt sich zwar die Einsicht durch, dass die Ursache eines Aufmerksamkeits-Defizit-Syndroms oder einer Lese-Rechtschreib-Schwäche nicht pädagogischer Art ist, sondern auf organische Störungen zurückgeht. Die Empfehlungen zur Verbesserung einer Legasthenie oder eines ADS/ADHS setzen jedoch nach wie vor weitgehend im pädagogischen oder didaktischen Bereich an. Dieser Ansatz ist sicherlich richtig, stellt allerdings nur einen Baustein einer erfolgreichen Vorgehensweise dar. Welche diagnostischen und therapeutischen Elemente insgesamt als ganzheitliches Therapiekonzept mit pädagogischen, didaktischen *und* medizinisch-therapeutischen Elementen zum Erfolg verhelfen können, will ich in diesem Buch vorstellen und erläutern.

Dieses Buch basiert auf den Erfahrungen, die ich im alltäglichen Praxisgeschehen mit Kindern, die unterschiedlichste Handicaps aufweisen, sammeln konnte. Auch zur Therapie von Kindern mit ADS/ADHS habe ich dabei eine spezielle Vorgehensweise entwickelt: Die Psychomotorische Ganzheitstherapie ist ein interdisziplinäres und ganzheitliches Therapiekonzept, das die theoretisch bestehende Forderung nach Zusammenarbeit zwischen den geltenden Therapieeinrichtungen konsequent in die Praxis umsetzt. Diese Vorgehensweise schließt ein, dass ich in meiner Praxis lediglich die Anamnese und den Befund erhebe und daraufhin einen individuellen Therapieplan erstelle, den ich mit der Familie und dem betroffenen Kind einübe, so dass die Übungen daheim selbstständig von der Familie mit dem Kind durchgeführt werden können. **Die eigentliche Therapie des Kindes findet somit daheim und nicht in der Praxis statt, so dass häufige Besuche in der therapeutischen Praxis entfallen.** Nur hierdurch kann eine konsequente und intensive Therapie, ohne die ein wirklicher Erfolg nicht zu erreichen ist, gewährleistet sein. Für Kinder, Jugendliche und Erwachsene mit ADS/ADHS orientiere ich mich dabei schwerpunktmäßig an folgenden Therapieformen (siehe Literaturverzeichnis): Ayres, Affolter, Dennison, Frostig, Montessori, Kiphard, Padovan, Rigling, Schmid-Giovannini und Warnke. Ergänzend arbeite ich bei bestimmten Befundkonstellationen im Bereich der akustischen Wahrnehmung einen eigenen zusätzlichen Therapieplan im Rahmen der Samonas-Therapie aus.

Da sich bei meinen Patienten fast durchweg die ersten Auffälligkeiten im Kindergartenalter zeigten, aber nicht entsprechend beachtet worden waren, gebe ich in diesem Buch noch zusätzliche Hinweise für das Kindergartenalter, sowohl bezüglich der Diagnostik als auch der therapeutischen Empfehlungen.

Das vorliegende Buch handelt von Kindern mit Aufmerksamkeits-Defizit-Syndrom. Da es jedoch *das ausschließliche Aufmerksamkeits-Defizit-Syndrom* gar nicht gibt, sondern je nach unterschiedlicher Betroffenheit der einzelnen Wahrnehmungsbereiche eine ganz individuelle Gesamtsymptomatik entstehen kann, wird zunächst auf diese einzelnen Bereiche eingegangen – sei es auf den Bereich der Sensorik oder auf den Bereich der Motorik. Diese Vorgehensweise soll dazu beitragen, die Diagnose Aufmerksamkeits-Defizit-Syndrom besser verstehen und vor allem die vorgestellten Übungen besser einschätzen und anwenden zu können.

Symptome
bei ADS/ADHS

*Verträumt oder ständig in Bewegung, unkon-
zentriert oder ungeschickt – ADS-/ADHS-Kinder
fallen in verschiedenster Hinsicht auf.*

ADS/ADHS als Symptomenkomplex

Eine genaue Begriffsklärung ist grundlegend für das Verständnis des Aufmerksamkeits-Defizit-Syndroms.

Die Diagnose *Aufmerksamkeits-Defizit-Syndrom* (oder auch Aufmerksamkeits-Defizit-Störung genannt) ist keine einheitliche Diagnose, sondern eine Diagnose mit mehreren Unterformen. Es gibt ein *Aufmerksamkeits-Defizit-Syndrom <u>ohne</u> Hyperaktivität (ADS) und <u>mit</u> Hyperaktivität (ADHS: Aufmerksamkeits-Defizit-Hyperaktivitäts-Syndrom)*. Zusätzlich dient die Beurteilung der Impulsivität als ein weiteres sehr wichtiges Kriterium. Man findet das *ADS/ADHS mit und ohne Lese-Rechtschreib-Schwäche bzw. mit und ohne Rechenschwäche* (Dyskalkulie). Diese zusätzlichen minimalen Teilleistungsstörungen werden in einer unterschiedlichen Häufigkeit angegeben. Die Angaben schwanken zwischen fünfzehn und sechzig Prozent, wobei meiner Erfahrung nach eher der höhere Wert zutrifft.

Verwirrend ist besonders, dass ADS oftmals sowohl als Oberbegriff für den gesamten Symptomenkomplex verwendet wird als auch als Bezeichnung für die beschriebene Symptomatik, jeweils *ohne* Hyperaktivität und *ohne* gesteigerte Impulsivität.

Um solche begrifflichen Verwirrungen zu vermeiden, wird in diesem Buch immer der Begriff *ADS/ADHS* verwendet, wenn der gesamte Symptomenkomplex gemeint ist, der Begriff *ADS*, wenn speziell von Kindern mit Aufmerksamkeitsstörungen, aber ohne Hyperaktivität und ohne gesteigerte Impulsivität gesprochen wird, und von ADHS, wenn die Hyperaktivität und Impulsivität im Vordergrund stehen.

Allerdings ist auch die Diagnose ADHS eine „Sammelbezeichnung", denn es kann entweder die Aufmerksamkeitsstörung oder die Hyperaktivität oder die verstärkte Impulsivität im Vordergrund des Störungsbildes stehen – oder es kann eine Mischung aller drei Formen in Erscheinung treten.

ADS/ADHS geht *immer* auf Wahrnehmungsstörungen zurück und ist häufig mit feinen Bewegungsstörungen verbunden.

Bei einem kürzlich durch das Sozialministerium und Landesgesundheitsamt Baden-Württemberg durchgeführten Pilotprojekt wurden bei 25 Prozent der Vorschulkinder Wahrnehmungsstörungen im optischen oder akustischen bzw. rhythmischen Bereich festgestellt. Auch wenn die endgültigen Ergebnisse dieser Untersuchung noch nicht vorliegen, bin ich der Meinung: Ohne entsprechende Förderung werden sich die Defizite dieser Kinder sehr häufig zu Störungsbildern wie den hier beschriebenen entwickeln. Um einer solchen Entwicklung vorzubeugen, werden in diesem Buch diagnostische Elemente, aber besonders auch ein Übungskonzept zur gezielten Förderung dieser Kinder vorgestellt.

> Unabhängig davon gelten die Überlegungen dieses Buches – sei es in diagnostischer oder in therapeutischer Hinsicht – auch für Kinder, bei denen die ADS-/ADHS-Symptomatik nur teilweise ausgeprägt ist, somit für Kinder mit mehr oder weniger gravierenden Konzentrationsproblemen ohne feststehende Diagnose.

Darüber hinaus soll anhand der beschriebenen Diagnostik und Übungen im Rahmen der Psychomotorischen Ganzheitstherapie gezeigt werden, dass die Diagnose ADS/ADHS keine Modeerscheinung ist (manchmal hört man Seufzer: „Zur Zeit hat wohl fast jedes Kind ADS!"), auch wenn natürlich der gesellschaftliche Wandel mit übervollem Terminkalender schon für Kindergarten- und Schulkinder, ein hoher Fernsehkonsum, wenig Bewegung und eine zum Teil zu wenig strukturierte Erziehung die bestehenden Verhaltensauffälligkeiten noch wesentlich verschärfen können.

Wahrnehmungsstörungen und Teilleistungsstörungen

Es wurde bereits erwähnt, dass ADS/ADHS immer auf Wahrnehmungsstörungen zurückgeht und oft mit Teilleistungsstörungen verbunden ist. Doch was genau versteht man darunter?

Eine Wahrnehmungsstörung führt zu einer falschen *Verarbeitung* von Sinneseindrücken (z. B. optischer, akustischer oder auch taktiler Art). Hierzu wird nicht gezählt, wenn bereits die *Aufnahme* dieser Reize verändert ist, z. B. wenn die Sehleistung durch eine Beeinträchtigung der Sehschärfe gemindert ist.

Minimale Wahrnehmungsstörungen können zu Teilleistungsschwächen führen.

11

Sensorische Integration

In diesem Zusammenhang bezeichnet sensorische Integration die Fähigkeit, Sinneseindrücke zu ordnen, um sie sinnvoll nutzen zu können. Insofern ist der Begriff „Sensorische Integrationsstörungen" als „Beeinträchtigung durch Wahrnehmungsstörungen" zu verstehen.

Welche Bedeutung der exakten Wahrnehmung in allen Bereichen zukommt, mag folgender Bericht verdeutlichen: Ein Junge mit ausgeprägter Tetraspastik (dabei sind von der starken spastischen Bewegungsstörung sowohl beide Hände als auch beide Beine und Füße betroffen, so dass er weder frei laufen noch einen Stift auch nur annähernd korrekt halten kann) wurde in eine Regelgrundschule eingeschult. Im Verlauf der zweiten Klasse stellten die Lehrer eine zunehmende „Konzentrationsschwäche" fest. Diese mangelnde Aufmerksamkeitsspanne war in der Beurteilung durch die Schule so gravierend, dass die Empfehlung zum Wechsel auf eine Sonderschule ausgesprochen wurde. Da die Eltern diese Beurteilung ihres Kindes nicht nachempfinden konnten, ließen sie ihren Sohn einen IQ-Test absolvieren – mit dem Ergebnis eines IQ-Wertes von 135, was einer überdurchschnittlichen Intelligenz entspricht! Daraufhin erhielt er zusätzlich zu dem normalen Schulstoff besonders anspruchsvolle Aufgaben und war schlagartig wieder zu einer ausdauernden Konzentration zu motivieren.

Bei der Untersuchung in meiner Praxis zeigte dieser Junge trotz seiner starken Spastik keinerlei Wahrnehmungsstörungen. Sämtliche in Kapitel 3 (siehe Seite 25 ff.) erwähnten Tests ergaben ein sehr gutes bis überdurchschnittliches Ergebnis. Kein Wunder, dass trotz der vorhandenen Bewegungsstörungen die Intelligenz und Aufmerksamkeit überdurchschnittlich entwickelt waren. Inzwischen ist er auf einem Gymnasium mit besonders hohen Anforderungen und dort ein erfolgreicher Schüler. Sein von mir zusammengestelltes Therapieprogramm beschränkt sich demzufolge auf motorische Übungen, die von ihm gewissenhaft und konsequent durchgeführt werden, was nun auch im motorischen Bereich zu überaus erfreulichen Fortschritten geführt hat.

Dieses Beispiel eines stark körperbehinderten Kindes ohne jegliche Wahrnehmungsstörung zeigt in anschaulicher Weise, welche Bedeutung einer korrekten Wahrnehmung in der Bearbeitung des Schulstoffes zukommt.

Zum besseren Verständnis möchte ich an dieser Stelle folgende Begriffe erklären, da diese sehr eng mit dem ADS/ADHS verbunden sind.

Minimale Teilleistungsstörungen

Hierzu zählen Störungen, die zum einen äußerst gering sind und zum anderen nur Einzelbereiche betreffen. Im schulischen Bereich werden dazu hauptsächlich die *Lese-Rechtschreib-Schwäche* sowie die *Dyskalkulie* (Rechenschwäche) gerechnet.

Lese-Rechtschreib-Schwäche (LRS)

Dies ist eine spezielle, aus dem Rahmen der übrigen Leistungen fallende Schwäche im Erlernen des Lesens und des Schreibens bei sonst intakter oder – im Verhältnis zur Lesefähigkeit – relativ guter Intelligenz. Es bedeutet, dass eine beeinträchtigte Leseleistung bzw. Rechtschreibleistung bei z. B. lernbehinderten oder geistig behinderten Kindern nicht dazu gehört, außer, wenn diese Beeinträchtigung wesentlich gravierender ist als die sonstige intellektuelle Beeinträchtigung. Zu berücksichtigen ist, dass zwar meistens auch dann von einer Lese-Rechtschreib-Schwäche gesprochen wird, wenn es sich um eine isolierte Rechtschreibschwäche handelt, also die Lesefähigkeit nicht beeinträchtigt ist. Da ich dies für verwirrend halte, werde ich in diesem Buch beide Begriffe – Lese-Rechtschreib-Schwäche und Rechtschreibschwäche – je nach Symptomatik gezielt einsetzen.

Dyskalkulie (Rechenschwäche)

Hiermit ist ein fehlendes bzw. eingeschränktes Verständnis für Zahlen und Rechenoperationen bei ansonsten intakter Intelligenz gemeint.

Ursachen des ADS/ADHS

Viele Faktoren werden als Ursache eines ADS/ADHS vermutet. Unzweifelhaft ist jedoch, dass eine neurologische Funktionsstörung besteht.

Das Aufmerksamkeits-Defizit-Syndrom (ADS/ADHS) ist von den hier beschriebenen Störungen das Symptomenbild, welches von Außenstehenden, die sich mit diesem Thema noch nicht ausführlich auseinander gesetzt haben, am schwierigsten zu erfassen ist.

Die Ursachen des ADS/ADHS können vielfältig sein. Sowohl von Referenten auf dem Kinder- und Jugendärztetag in Karlsruhe im Juni 2001, z. B. Dr. Jan Frölich, einem Kinderarzt aus Baden-Baden, der sich vollständig dem Thema ADS/ADHS widmete, als auch in den Leitlinien der Arbeitsgemeinschaft ADHS der Kinder- und Jugendärzte (vom 14.2.2001) werden folgende Möglichkeiten dargelegt:

- *Genetische Faktoren*
  Diese werden in fünfzig Prozent der Fälle als Ursache angenommen, z. B. dann, wenn ein Elternteil des Kindes ebenfalls eine ADS-/ADHS-Symptomatik zeigt.

- *Allergische Reaktionen*
  Sie erfolgen meist auf Nahrungsbestandteile. Passend zu diesen Kongressinformationen sei noch auf Informationen von ganz anderer Seite hingewiesen: Angeführt wird eine solche „Hitliste" unverträglicher Nahrungsmittel von Farb- und Konservierungsstoffen, gefolgt von (in absteigender Reihenfolge): Soja-Nahrungsmitteln, Kuhmilch, Schokolade, Weizen und Erdnüssen. Zucker steht als auslösende Ursache erst an 14. Stelle zu entnehmen.

- *Minimale Hirnfunktionsstörungen*
  Minimale Hirnfunktionsstörungen durch eine Schädigung des Gehirns kommen ebenfalls als Ursache eines ADS/ADHS in Frage. So können Rauchen und Alkoholkonsum sowie Infekte während der Schwangerschaft zu solchen minimalen Hirnschädigungen des Ungeborenen führen. Gleiches gilt für minimale Hirnverletzungen während der Geburt oder auch durch Frühgeburtlichkeit.

- *Psychosoziale Bedingungen*
  Sie haben bei der Entstehung eines ADS/ADHS höchstens eine Art „Katalysatorfunktion", d. h. sie können im negativen Sinne die Symptomatik verstärken und im positiven Sinne verbessern helfen.

14

Dr. Frölich führte auf dem Karlsruher Kongress aus, dass sich in der so genannten MRT (Magnet-Resonanz-Tomographie) bei ADS/ADHS schwerpunktmäßig Störungen in folgenden Bereichen zeigen können:

- Basalganglien (Stammganglien): Dies sind entwicklungsgeschichtlich alte Gehirnstrukturen, die hauptsächlich langsame Bewegungsfolgen steuern.
- Präfrontalregion: Die Präfrontalregion umfasst Gehirnstrukturen im Stirnlappen des Großhirns. Sie ist wichtig für zielorientierte Planung des Verhaltens und für die Selbstkontrolle. Diese Selbstkontrolle ist für eine situationsentsprechende Impulssteuerung von Bedeutung, so dass sich hierdurch bei minimalen Funktionsstörungen in diesem Bereich eine verstärkte Impulsivität erklären lässt. Insgesamt kann man sagen, dass in der Präfrontalregion die *Persönlichkeit* lokalisiert ist. Hirnfunktionsstörungen in diesem Bereich führen zu reduzierter Spontaneität, Störungen bei Denkstrategien, Risikofreude und Regelverletzung, gestörtem assoziativen Lernen, schlechter Zeit- und Reihenfolgeschätzung, gestörtem Sozialverhalten, gestörter Raumorientierung usw. (siehe Seite 74 ff.).
- Corpus callosum (Balken): Das Corpus callosum besteht aus Nervenfasern, die die beiden Hirnhemisphären, somit die rechte und die linke Gehirnhälfte, miteinander verbinden.

> Bildgebende Untersuchungsverfahren zeigen, dass bei einem ADS/ADHS Abweichungen in bestimmten Hirnregionen bestehen können. Ausführliche diesbezügliche Informationen sind dem Artikel von Dr. Stöckl-Drax zu entnehmen.

Besteht ein ADS/ADHS?

Als Entscheidungsfindung, inwieweit bei einem Kind ein ADS/ADHS besteht, können mehrere Kriterien herangezogen werden. Diese Kriterien berücksichtigen auf der einen Seite die verminderte Aufmerksamkeitsspanne und auf der anderen Seite die innere Unruhe bei hyperaktiven Kindern, aber auch die verstärkte Impulsivität.

Um ein ADS/ADHS zu diagnostizieren, sind vielfältige Beobachtungen erforderlich.

Für meine Arbeit ziehe ich diese bekannten Kriterien heran, ergänze sie jedoch durch eigene Erfahrungen. Die strenge „Einsortierung" und Klassifizierung der Symptome (z. B. nach den Kriterien des diagnostischen und statistischen Manuals psychischer Störungen DSM-IV oder ICD 10) halte ich bei meiner praktischen Arbeit als *Ergänzung* bei der Diagnosefindung für sinnvoll, aber insgesamt für weniger hilfreich. Denn die Grenzen sind häufig fließend.

Zusätzlich zu den in diesen Katalogen aufgeführten Symptomen müssen noch vier weitere Randbedingungen erfüllt sein:

Die ersten Auffälligkeiten – sei es im Verhalten, in einzelnen Wahrnehmungsbereichen oder in Bezug auf feine Bewegungsstörungen – müssen vor dem siebten Lebensjahr aufgetreten sein. Die Verhaltensauffälligkeiten dürfen nicht die Kriterien anderer psychischer Störungen erfüllen und müssen drittens beträchtlich häufiger auftreten als beim Durchschnitt der Personen gleichen Alters. Außerdem müssen als vierte Forderung die Verhaltensauffälligkeiten (Aufmerksamkeitsstörung, Hyperaktivität oder Impulsivität) nicht nur in einem Lebensbereich, sondern in mehreren Lebensbereichen auftreten, somit z. B. in der Schule, in der Familie *und* auch bei Freizeitaktivitäten.

Im Folgenden werden die typischen Verhaltensmerkmale von ADS-/ADHS-Kindern den zugrunde liegenden Wahrnehmungsstörungen gegenübergestellt.

Ein Kind mit ADS/ADHS, welches schwerpunktmäßig ein verstärktes Aufmerksamkeits-Defizit zeigt, also mit ADS:

Ständig durch Neues abgelenkt zu werden – hierin liegt das Hauptproblem des ADS-Kindes.

- *beachtet häufig Einzelheiten nicht oder macht Flüchtigkeitsfehler.*
  Hier spielen die Detailfunktionen im Bereich der optischen und akustischen Wahrnehmung eine große Rolle.
- *wird leicht durch äußere Reize abgelenkt.*
  Diese äußeren Reize können entweder optischer, akustischer oder taktiler Natur sein. Die Kinder können Reize nicht filtern. Jede kleinste akustische Nuance im Klassenverband oder auch

optische Reize (z. B. ein draußen herunterfallendes Blatt) führt dazu, dass die Aufmerksamkeit des Kindes abgelenkt wird und von einem Detail zum nächsten springt.

* *hat Schwierigkeiten, länger aufmerksam zu sein.*
Somit kann dieses Kind nicht die ganze Aufmerksamkeit auf einen einzigen Reiz richten (außer bei Lieblingsbeschäftigungen), da es jedem kleinsten Zusatzreiz nachgeht.

* *hat Schwierigkeiten, Aufträge vollständig auszuführen.*
Beim Ausführen von Aufträgen muss ebenfalls gefiltert werden, da weitere Reize von dem eigentlichen Ziel ablenken.

* *hat deutliche Probleme, Abläufe systematisch zu organisieren.*
Die Organisation setzt eine exakte Planung, sei es im Kopf oder auf dem Papier, voraus.

* *verliert häufig Gegenstände.*
Um Gegenstände greifbar zu haben, muss man sie entweder ordentlich und systematisch ablegen (was einem ADS-/ADHS-Kind meistens schwer fällt). Oder man muss sich zumindest merken, wo man sie hingelegt hat. Wird jedoch der Merkvorgang dadurch unterbrochen, dass bereits der nächste Reiz, welcher auf die Wahrnehmung trifft, weiter verfolgt wird und somit der erste Reiz mit Ablegen des Gegenstandes nicht weiter ins Bewusstsein dringt, wird der Gegenstand liegen gelassen und nicht mehr wieder gefunden. Genauso ist das Suchen von Gegenständen erschwert, da die optische Wahrnehmung das symbolhafte Wiedererkennen (z. B. kleinere Details in größeren Muster) deutlich beeinträchtigt. Schauen Sie bei einem ADS-/ADHS-Kind in den Schulranzen oder auch in sein Zimmer: Dann wissen Sie, was ich meine, wenn ich sage, dass ein ADS-/ADHS-Kind häufig nicht in der Lage ist, ordentlich zu sortieren, abzulegen oder zu erkennen, wenn Kategoriefremdes stört. Der Umkehrschluss ist allerdings nicht erlaubt, denn nicht jedes unordentliche Zimmer gehört einem ADS-/ADHS-Kind.

* *ist bei Alltagstätigkeiten häufig vergesslich.*
Um sich an Dinge zu erinnern, muss man die Gedanken strukturieren und darf sich nicht durch immer wieder neue, plötzlich auftauchende Umgebungsreize von diesen Gedanken ablenken lassen.

- *wechselt häufig von einer nicht beendeten Aktivität zur nächsten.*
  Die Gedanken können nicht einer einzigen Aktivität zugeordnet werden. Daraus folgt nicht nur eine sprunghafte Wahrnehmung mit sprunghaften Gedanken, sondern auch sprunghafte Aktivitäten.
- *scheint oft nicht richtig zuzuhören.*
  Das Zuhören wird immer wieder durch andere Reize von außen oder auch durch eigene Gedanken unterbrochen.

Ein Kind mit ADS/ADHS, welches schwerpunktmäßig zu der verminderten Aufmerksamkeitsspanne eine Hyperaktivität, zum Teil mit starker Impulsivität zeigt, also mit ADHS:

Eine ständige motorische Unruhe ist typisch für das ADHS-Kind.

- *zappelt viel herum, kann nur schwer ruhig und „versunken" spielen.*
  Gerade ADHS-Kinder mit einer deutlichen Störung der taktil-kinästhetischen Wahrnehmung sind in ihrem Bewegungsdrang besonders unruhig. Aber auch die anderen Wahrnehmungsbereiche sind für die vorhandene Hyperaktivität verantwortlich. Dies kann sich ausweiten bis zu einem exzessiven Herumklettern in hierfür nicht angemessenen Situationen. ADHS-Kinder erscheinen von großer innerer Unruhe erfüllt, zum Teil „wie von einem Motor angetrieben".
- *redet häufig übermäßig viel.*
  Dieses Verhalten stellt eine gewisse Flucht dar, denn, wenn das Kind selbst redet, redet schon kein anderer, dem das Kind dann angespannt zuhören müsste.
- *unterbricht oft andere.*
  Das Kind registriert nicht, dass der andere eigentlich noch redet, da die akustische Wahrnehmung jeweils nur bis zu einem besonders interessanten Stichwort reicht und nicht darüber hinaus geht.
- *platzt mit Antworten heraus und kann kaum warten, bis es an der Reihe ist.*
  Eine Antwort zu wissen, aber noch abwarten zu müssen, während man weitere Informationen zuhört, ist diesen Kindern kaum möglich.
- *gerät oft unbedacht in gefährliche Situationen.*
  Hier ist nicht Abenteuerlust gemeint, sondern das überschnelle Wechseln von einer Beschäftigung zur nächsten, ohne mit allen

Sinnen auf die weitere Umgebung zu achten, so z. B. beim Ball-spielen am Straßenrand oder auch im Straßenverkehr. Dieses Ver-halten zeigt sich sogar noch im Erwachsenenalter, da auch Erwach-sene mit ADHS im Straßenverkehr besonders gefährdet sind.

ADS/ADHS in der Schule

Bei all diesen erwähnten Symptomen spielt die Störung der Wahr-nehmung eine große Rolle. In der Schule wird ein hyperaktives Kind (also ein Kind mit ADHS) meist früher auffällig, ist es doch für den Lehrer und die ganze Klasse wesentlich anstrengender und schwe-rer zu verkraften als ein stilles und in sich zurückgezogenes Kind (also ein Kind mit ADS). Für den schulischen Erfolg spielt es jedoch kaum eine Rolle, ob das Kind an ADS oder ADHS leidet, da beide Störungsbilder dazu führen, dass der Schulstoff nur in einem gerin-gen Prozentsatz tatsächlich an das Bewusstsein des Kindes gelangt. Dr. Jürgen Gromball, Kinderarzt aus Nürnberg, beschrieb in Karls-ruhe sehr anschaulich solch typische „Schulkarrieren" mit den Stich-worten: von den Eckpunktklassen in die falsche Schullaufbahn, vom Klassenkasper zum Außenseiter, vom Träumer ins Schulabseits, vom schlechten Schriftbild zur schlechten Note, vom Hausaufga-benkampf zum familiären Kleinkrieg, vom schulischen Misserfolg in die Randgruppen, in die Sucht oder Delinquenz.

Der schulische Erfolg ist bei ADS-/ ADHS-Kindern praktisch immer beeinträchtigt.

65 bis 75 Prozent dieser Kinder haben Schulprobleme. ADS-/ ADHS-Kinder mit Lese-Rechtschreib-Schwäche fallen zum Teil häufiger und früher auf als diejenigen ohne, da die Lese-Rechtschreib-Schwä-che offensichtliche Schwierigkeiten offenbart.

Besonders leicht werden die verträumten Mädchen, also die Mädchen mit einem ADS, verkannt. Denn diese Kinder erscheinen verträumt, lethargisch, zum Teil wenig interessiert und auch wenig motiviert, Leistung zu erbringen. Hinzu kommt eine übergroße Schüchternheit, so dass sie sich überhaupt nicht produzieren kön-nen. Schnell gelten diese Mädchen als minderbegabt, obwohl ein großes Potenzial, welches durch die von mir beschriebenen Wahr-nehmungsstörungen verborgen wird, in ihnen steckt.

Häufige Eigenschaften von Kindern mit ADS/ADHS

Die Psychologin Cordula Neuhaus beschreibt anschaulich noch weitere Eigenschaften von Kindern mit ADS/ADHS:

- ADHS-Kinder und -Jugendliche sind von einer Sache ganz und gar – total – überzeugt oder gar nicht. „Sie hängen an der Angel ihrer eigenen Überzeugung."
- Die Voraktivierung, d. h. der Ansporn zum Tun, muss von einer Sache ausgehen: nicht „ich will", sondern „es macht mir ein gutes Gefühl".
- Dagegen kann es bei Interesse an einer Sache zu Höchstleistungen kommen. Dies führt gern zu der Aussage der Umgebung: „Siehst du, wenn du nur wolltest, könntest du!"
- Aus diesem intensiven Erleben resultiert jedoch nicht nur Positives, sondern auch die Tatsache, dass ADS-Jugendliche, besonders aber ADHS-Jugendliche, alles intensiv machen und somit auch Gefahr laufen, zu so genannten Intensivtätern zu werden.
- ADS-/ADHS-Kinder haben keine „innere Uhr", d. h. kein Zeitgefühl.
- Nur 30 bis 50 Prozent der angebotenen Informationen werden üblicherweise aufgenommen.
- Die Frustrationstoleranz ist äußerst, ja sogar extrem gering.
- Dichtung und Wahrheit können nur schlecht auseinander gehalten werden. Das Kind glaubt alles, was man ihm erzählt.
- Da ADS-/ADHS-Kinder Situationen schlecht einschätzen können, fühlen sie sich ständig ungerecht behandelt.
- Kreativität, Offenheit, Hilfsbereitschaft, extreme Liebe zu Tieren, Harmoniebedürfnis gehören ebenso wie ein ausgeprägter Gerechtigkeitssinn zu den positiven Eigenschaften eines ADS-/ADHS-Kindes. Diese positiven Kriterien sollten möglichst oft in Gegenwart des Kindes erwähnt werden, da gerade diese Kinder ansonsten viel zu häufig nur Negatives über sich hören.

ADS/ADHS vor dem Schulalter

Die Symptome eines ADS/ADHS zeigen sich schon sehr früh. Wichtig ist, Hinweise auf dieses Störungsbild frühzeitig zu erkennen und richtig zu deuten.

Wichtige Anamnesepunkte

Neugeborenen-periode

Während ADS-Kinder insgesamt weniger auffällig sind, gerade auch da sie zum Teil zu ruhig sind, zeigen ADHS-Kinder häufig eine typische Anamnese, die sich bis ins Säuglingsalter zurückverfolgen lässt. Aber auch Schwangerschaftsverlauf, Geburt und Neugeborenenperiode weisen manchmal bereits Auffälligkeiten auf. Zum Beispiel sind *Trinkschwierigkeiten* in den ersten Lebenswochen sehr häufig die ersten Hinweise auf Probleme in der weiteren Entwicklung. Manche ADS-/ADHS-Kinder fallen bereits in dieser Zeit als so genannte „Schreibabys" auf, wobei als Ursache fälschlicherweise häufig die so genannten Drei-Monatskoliken angesehen werden. Bereits diese erste Phase kann eine extreme Belastung für die gesamte Familie darstellen. Häufig berichten die Eltern darüber hinaus von einem eingeschränkten Blickkontakt oder auch davon, dass das Baby überhaupt nicht schmusen wollte. Grobmotorische und feinmotorische Entwicklungsauffälligkeiten kommen hinzu, allerdings jeweils nur dezent ausgeprägt und nicht als vorherrschende Symptomatik.

Kreuzmusterbewegungen

Kreuzmusterbewegungen sind in der Entwicklung auf allen Ebenen – Robben, Krabbeln, betontes Gehen und Hüpferlauf – von großer Bedeutung: Der rechte Arm und das linke Bein werden gleichzeitig mit dem linken Arm und dem rechten Bein eingesetzt

---

Phase des Robbens und Krabbelns

Im Hinblick auf die *Phase des Robbens und Krabbelns* ist nicht nur von Bedeutung, ob und wann sie stattgefunden hat, sondern auch, ob diese Bewegungen im Kreuzmuster durchgeführt worden sind. Auch wenn heute allgemein anerkannt ist, dass ein Kind nicht unbedingt die Phase des Robbens und Krabbelns durchlaufen muss, finden sich Entwicklungsstörungen häufiger bei den Kindern, die das Robben entweder übersprungen oder nicht im Kreuzmuster durchgeführt haben.

Kindergartenalter

Gerade im Kindergartenalter sind bei Kindern mit ADS viele Hinweise schon vorhanden, aber die exakte Diagnosezuordnung wird noch nicht gestellt, da die eigentlichen Probleme erst im Schulalter offensichtlich werden. ADHS-Kinder dagegen fallen durch ihr hyperaktives Verhalten zum Teil extrem auf. Und doch wird auch bei ihnen diese Diagnose häufig noch nicht gestellt! Wie Dr. Ulrich Kohns, Kinderarzt aus Essen, auf dem Kinder- und Jugendärztetag in Karlsruhe berichtete, spielen sie oft „sinnwidrig" und destruktiv. Nichts ist vor ihnen sicher. Absprachen, Verbote oder auch Strafen helfen nicht. Spiele, die eine gewisse Körperkoordination oder einen Plan erfordern oder die gefühlsmäßig belasten (z. B. „Mensch ärgere dich nicht"), können zu einer Katastrophe ausarten. Betroffene Kinder weichen auch oft der Mutter nicht von der Seite. Eine von Dr. Kohns gern gestellte Frage lautet: „Wie lange kann Ihr Kind still für sich bei offener Tür spielen, ohne dass es zu Ihnen gerannt kommt?" Üblicherweise dauert diese Zeitspanne bei einem ADHS-Kind kaum länger als zehn bis fünfzehn Minuten. Die „guten Ratschläge", die der Mutter eines solchen Kindes von der Umgebung – sei es von der Familie oder von Freunden – gegeben werden, sind nicht mehr zu zählen.

ADS-Kinder zeigen diese Auffälligkeiten zum Teil ebenfalls, nur verläuft bei ihnen alles sehr, sehr viel stiller! Darum wird dieses Störungsbild auch leichter übersehen.

Zeitpunkt des Auftretens der ersten Auffälligkeiten

Es muss zusammen mit den Eltern überlegt werden, wann die ersten Auffälligkeiten deutlich geworden sind. Dies gilt sowohl für die Gesamtentwicklung als auch für die schulische Entwicklung. Diese Fragestellung bezieht sich nicht nur auf einzelne zu erlernende Fertigkeiten, sondern auch auf Verhaltensauffälligkeiten.

Erfolgte Therapieformen

Wichtig ist auch die Frage nach bereits erfolgten Therapien. *Welche Therapieformen* (einschließlich Nachhilfeunterricht) wurden bzw. werden in welchem zeitlichen Rahmen und in welcher Intensität eingesetzt? Wie hat dies die Entwicklung beeinflusst?

Häufige Mittelohrentzündungen beeinträchtigen die kindliche Entwicklung.

Häufig erlebt man die *Kombination von Sprachentwicklungsverzögerung im Kindergartenalter mit anschließender Lese-Rechtschreib-Schwäche und ADS/ADHS.* Die Ursache kann sehr wohl eine primäre (von Geburt an bestehende) akustische Wahrnehmungsstörung, somit eine zentrale Verarbeitungsstörung, sein. Aber die akustische Wahrnehmungsstörung kann auch Folge einer Schwerhörigkeit sein, welche immer wieder durch häufige Mittelohrentzündungen verursacht wird. Eine solche Minderung der Hörfähigkeit fällt der Umgebung des Kindes längst nicht immer auf. Aus diesem Grund sollte unbedingt die Frage nach früheren *Mittelohrentzündungen* gestellt werden. Denn häufige Mittelohrentzündungen (aber auch ein seröser Mittelohrerguss ohne jegliche Entzündungszeichen) verschlechtern das Hörvermögen des Kindes zum Teil so stark, dass dies die korrekte Entwicklung der akustischen Wahrnehmung beeinträchtigt und demzufolge das korrekte und altersentsprechende Erlernen der aktiven Sprache kaum möglich ist.

Ernährung Ebenfalls sollte die bisherige Ernährung des Kindes besprochen werden. Erkennen die Eltern einen Zusammenhang mit z. B. exzessivem Konsum bestimmter Nahrungsmittel und daran anschließendem auffälligem Verhalten (siehe Seite 14)?

Die Entwicklung eines ADS-/ADHS-Kindes kann verzögert, weitgehend altersentsprechend (bis auf die erwähnten Auffälligkeiten) oder sogar beschleunigt (bei spezieller Begabung in einzelnen Bereichen) verlaufen. Spezielle Symptome treten vom Säuglingsalter bis ins Erwachsenenalter auf. Die Hyperaktivitätsstörung nimmt bei Jugendlichen allmählich ab, die Aufmerksamkeitsstörung und die verstärkte Impulsivität bleiben bis ins Erwachsenenalter hinein bestehen. Bei Mädchen überwiegt generell in allen Altersstufen die Aufmerksamkeitsstörung.

Die Diagnosestellung

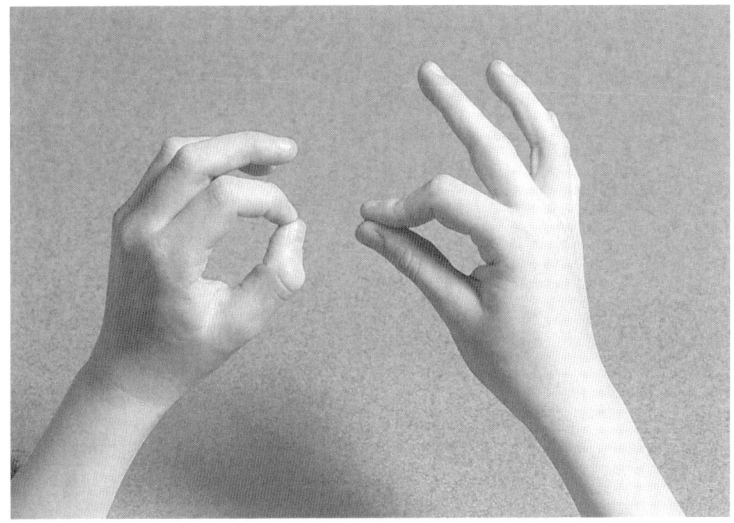

Bei dem Therapiekonzept der Psychomotori-
schen Ganzheitstherapie dient die Diagnose
vor allem als Basis zur Erstellung des Therapie-
programms.

Bereiche der Diagnostik

Neben den üblichen Diagnoseschemata gibt es weitere wichtige Details, die typisch für ADS/ADHS sind.

Auf die üblicherweise durchgeführte Diagnostik soll in diesem Kapitel nur am Rande eingegangen werden, nicht weil sie unwichtig ist, sondern weil diese Methoden allen therapeutisch Tätigen durch Kurse oder Literatur ausreichend bekannt sind. Vielmehr sollen hier ergänzende Elemente ausführlicher dargestellt werden und Aspekte angeführt werden, die in den üblichen Diagnoseschemata zu kurz kommen. Zu den eingangs erwähnten Kriterien müssen in die Diagnosestellung noch weitere Details eingehen.

> Den standardisierten ADS-/ADHS-Test gibt es nicht, sondern die Diagnose setzt sich aus etlichen „Puzzle-Teilen" zusammen. Entscheidend ist es, sich von starren Etikettierungen ADS/ADHS, Lese-Rechtschreib-Schwäche, Dyskalkulie oder Legasthenie zu lösen, denn letztendlich gehen diese Störungsbilder zum Teil fließend ineinander über und beruhen alle auf Wahrnehmungsstörungen.

Zu wünschen ist eine möglichst frühe Diagnose mit anschließender Therapie. Trotzdem fällt zur Zeit meistens der Zeitpunkt der ersten Vorstellung in meiner Praxis in die zweite Hälfte der zweiten Klasse oder in die dritte Klasse, da in diesem Zeitraum die Probleme offensichtlich werden. Manche Eltern sind sich bereits darüber im Klaren, dass die vorherrschenden Schulschwierigkeiten und Verhaltensauffälligkeiten nicht die einzigen Probleme ihres Kindes sind. Andere sind dagegen recht erstaunt, wenn ich mich zunächst ganz anderen Bereichen in der Befunderhebung als der schulischen Leistung zuwende.

Die Plastizität des Zentralnervensystems

Der Psychomorischen Ganzheitstherapie liegt wie den Therapieformen, auf denen sie aufbaut, die Plastizität des Zentralnervensystems als neuroanatomische Voraussetzung zugrunde.

Als Plastizität des Zentralnervensystems wird die Möglichkeit bezeichnet, nach Ausfällen im Gehirn einen gewissen Funktionsersatz zu erreichen. Dies stellt somit einen gewissen Reparaturmechanismus von Gehirnzellen dar. Es gibt 100 Milliarden Gehirnzellen. Nur zehn Prozent werden üblicherweise genutzt. Auf die einzelnen Formen der Neuroplastizität (z. B. Fortbestehen der embryonalen Überinnervation, Aktivierung der schlafenden Synapsen oder auch regenerative und kollaterale Aussprossung im zentralen Nervensystem) an dieser Stelle einzugehen, würde zu weit führen, so dass ich diesbezüglich auf entsprechende Fachliteratur verweise (z. B. von Annunciato und Gschwend). Allerdings sind, um die Plastizität des Gehirns auch voll ausnützen zu können, häufige, intensive und über einen längeren Zeitraum andauernde Reize erforderlich. Dies erklärt, warum die Übungen regelmäßig und konsequent daheim durchgeführt werden müssen. Eine halbe Stunde Therapie in der Woche, lediglich in der therapeutischen Praxis, reicht nicht aus.

Man muss sich darüber im Klaren sein, dass dem Menschen ohne diese Neuroplastizität keine Weiterentwicklung möglich wäre. Ob Sie im Alter von 40 Jahren mit dem Klarinette-Spielen beginnen oder Ihre Kinder im Alter von vier Jahren – für die Art der Neurplastizität ist dies unerheblich. Allerdings fällt diese Neuaktivierung und synaptische Neuvernetzung von Gehirnstrukturen umso leichter, je jünger man ist. Dieses Phänomen ist besonders beim Sprachenlernen bekannt. Trotzdem ist das Erlernen neuer Fertigkeiten dank der lebenslang vorhandenen Neuroplastizität auch noch im Alter möglich.

Motorik, Körperhaltung und Kreuzmuster-Anbahnung

Wie vollzieht sich eine Bewegung und wie wird sie gesteuert?

Die eigentliche Bewegung wird durch eine bestimmte, nur für die Motorik zuständige Struktur im Großhirn ausgeführt, dies jedoch nur in groben Zügen. Von etlichen anderen zentralen Bereichen muss diese Region Informationen erhalten, um die Bewegung wie geplant

Bewegung ist ein komplexes Zusammenspiel zwischen Gehirn, Sensorik und Motorik.

zu Ende zu führen. Gleichzeitig sind wiederum weitere Bereiche des Großhirns erforderlich, die die Bewegung glätten und dem vorher gefassten Plan anpassen. Hierzu muss die bereits erfolgte Bewegung korrekt erspürt werden können, damit bei Bedarf die entsprechende Korrektur erfolgen kann.

Auch Bereiche im Kleinhirn kontrollieren den Ablauf der Bewegungen. Das Kleinhirn erhält eine Kopie des Bewegungsplans und vergleicht die Durchführung der Bewegung mit dem ursprünglichen Plan, woraufhin bei Bedarf entsprechende Korrektursignale erarbeitet werden. Der Start einer Bewegung, aber auch alle schnelleren komplexen Bewegungsabläufe werden vom Kleinhirn gesteuert.

Darüber hinaus findet im Kleinhirn ein so genanntes motorisches Lernen statt, welches Bewegungsformen speichert und auch nach langer Zeit wieder abrufen kann. Diesen Mechanismus kennt jeder, der bestimmte motorische Tätigkeiten (z. B. Skifahren, Spielen eines Instrumentes) lange nicht mehr durchgeführt hat und doch auf erlernte Bewegungsmuster zurückgreifen kann. Aus diesem Grund ist es so wichtig, gerade Erstklässler zu häufigen Schreibübungen zu motivieren. Denn nur so kann der Ablauf des Schreibens automatisiert werden.

Im Kindergartenalter sind bei ADS-/ADHS-Kindern die motorischen Schwierigkeiten meistens sehr dezent, aber bereits eindeutig vorhanden. Sie treten eher im Sinne einer gestörten Körperkoordination (siehe Seite 31 ff.) zutage.

Im Allgemeinen sind unter den Kindern mit ADS/ADHS oder minimalen Teilleistungsstörungen überdurchschnittlich häufig Kinder mit einer Muskelhypotonie anzutreffen. Es gibt aber durchaus auch Kinder mit ADS/ADHS, die sportlich äußerst geschickt sind und aufgrund dessen sogar sehr viel Sport treiben.

Hat das Kind Probleme mit Bewegungen im Kreuzmuster – linkes Bein mit rechtem Arm, rechtes Bein mit linkem Arm –, liegen immer weitere Störungen vor.

Gerade die *Beurteilung der Kreuzmuster-Anbahnung* hilft bei einem Kind mit ansonsten kaum fassbaren Störungen weiter. Diese Tatsache passt zu den auf Seite 15 beschriebenen Untersuchungsbefunden, die Auffälligkeiten bei etlichen dieser Kindern im Bereich des Corpus callosum beschreiben. Denn in dieser Gehirnstruktur werden die Signale zwischen den beiden Gehirnhälften übermittelt, was für die korrekte Zusammenarbeit beider Gehirnhälften von Bedeutung ist.

Die Kreuzmuster-Anbahnung

Zunächst lernt ein Kind, sich in Bauchlage vorwärts zu bewegen, indem es beide Arme gleichzeitig ausstreckt (siehe Abb. 2 a und 2 b, Seite 30), anwinkelt und den Körper mit gestreckten Beinen nachzieht. Anschließend kriecht es im homolateralen Muster (siehe Abb. 3, Seite 30: Es setzt also den rechten Arm gleichzeitig mit dem rechten Bein und daran anschließend die linke Seite ein.). Daraufhin erfolgt die Bewegung des Robbens im Kreuzmuster (siehe Abb. 1 a–c: gleichzeitige Bewegung des linken Armes mit dem rechten Bein und umgekehrt). Manchmal erfolgen diese drei Entwicklungsphasen so schnell aufeinander, dass man lediglich das Robben im Kreuzmuster als eigentliche Art der Fortbewegung registriert. Meistens achten die Eltern auch kaum auf homolaterales oder gekreuztes Muster. Man freut sich bei diesen ersten Fortbewegungsversuchen des Kindes über die Bewegung an sich.

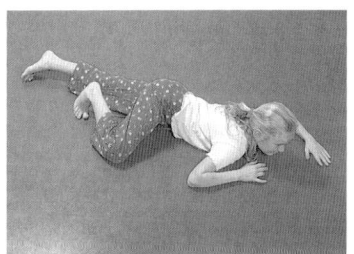 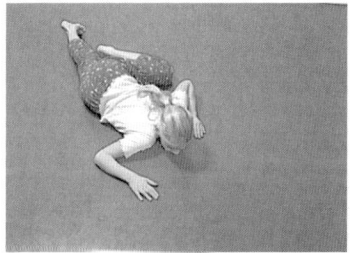 

Der Übergang zum Krabbeln verläuft ebenfalls in unterschiedlichen Phasen, letztendlich mit dem Ziel des Kreuzmuster-Krabbelns.

Abb. 1 a, 1 b und 1 c:
Robben im Kreuzmuster

Richtet ein Kind sich auf und beginnt, frei zu laufen, streckt es zunächst beide Hände über die Schultern hinaus zum Balancieren; darauf erfolgt ein homolaterales Gangbild und danach ein Gehen im Kreuzmuster (siehe Abb. 5 a und 5 b, Seite 31). Auch der Hüpferlauf entwickelt sich vom homolateralen Muster hin zum Kreuzmuster (Abb. 6 a und 6 b, Seite 31), wobei auch häufig Muster ohne jegliche Koordination durchlaufen werden.

Auf jeder dieser Ebenen – Robben, Krabbeln, betontes Gehen, Hüpferlauf – kann es in der Entwicklung hin zum Kreuzmuster zu Störungen kommen. Dies hat nur zum Teil damit zu tun, ob ein Kind

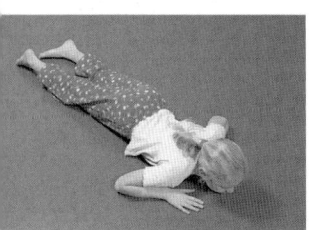

Abb. 2 a und 2 b:
Robben, indem beide
Hände gleichzeitig und
die Beine überhaupt
nicht eingesetzt werden

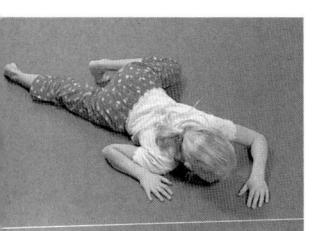

Abb. 3: Robben im
homolateralen Muster

Abb. 4 a und 4 b: Krabbeln
im Kreuzmuster

in seiner Entwicklung auch wirklich gerobbt ist. Denn es gibt sehr wohl Kinder, die das Robben (aber auch das Krabbeln) ausgelassen haben, es aber trotzdem korrekt im Kreuzmuster durchführen können. Allerdings berichten die meisten Eltern meiner Patienten über Auffälligkeiten in der Entwicklung des Robbens und Krabbelns: Diese Phasen wurden von den Kindern entweder übersprungen oder nicht im Kreuzmuster durchlaufen, oder sie waren extrem kurz. Auch von Asymmetrien wird berichtet, dass zum Beispiel beim Robben ein Bein oder ein Arm überhaupt nicht eingesetzt worden ist, obwohl diese Extremität nicht gelähmt ist, sondern höchstens etwas schwächer als die andere Seite.

Die Bedeutung der Kreuzmuster-Reihe

Die Bedeutung der Kreuzmuster-Reihe – Robben, Krabbeln, betontes Gehen, Hüpferlauf – ist groß, denn die meisten meiner Patienten aus dem Regelschulbereich mit den unterschiedlichsten Auffälligkeiten wie ADS/ADHS, Lese-Rechtschreib-Schwäche oder Dyskalkulie zeigen eine nicht komplette Kreuzmuster-Reihe: Eine dieser Ebenen wird nicht im Kreuzmuster ausgeführt. Dies ist als Hinweis auf eine nicht ausreichend funktionierende Zusammenarbeit beider Gehirnhälften zu werten.

In den allermeisten Fällen ist beim Ersttermin in meiner Praxis das Robben auffällig, das Krabbeln erfolgt dagegen regelrecht im Kreuzmuster. Das betonte Gehen wird entweder im homolateralen oder auch mit viel Konzentration im Kreuzmuster durchgeführt. Der Hüpferlauf dagegen kann wiederum sehr häufig nicht im Kreuzmuster ausgeführt werden. Die einzelnen Abweichungen vom Kreuzmuster sollten in der jeweiligen Ebene schriftlich festgehalten und beschrieben werden. Sie entsprechen den oben beschriebenen Entwicklungsstufen (siehe Abb. 1–6) der einzelnen Kreuzmusterebenen. Auch Unterschiede zwischen rechts und links sollten notiert werden. So kann man den Verlauf der Entwicklung am besten beurteilen.

Es gibt Kinder, die spontan z. B. homolaterale Bewegungsmuster durchführen, sich jedoch aufgrund ihrer Beobachtungsgabe durchaus zu einem Kreuzmuster zwingen können. Diese Ersatzstrategie kann man umgehen, indem man das Kind während der Ausführung

der Bewegungen Rechenaufgaben oder Ähnliches bewältigen lässt, auf die es sich konzentrieren muss.

Interessant ist, dass ausgerechnet das Krabbeln – die einzige Fertigkeit, die üblicherweise bezüglich des Kreuzmusters ausgetestet wird – nur sehr selten Auffälligkeiten zeigt, obwohl in der gesamten Kreuzmuster-Reihe sehr wohl Auffälligkeiten zu finden sind. Nur so ist zu erklären, dass immer wieder behauptet wird, zwischen Entwicklungsauffälligkeiten und fehlender Kreuzmuster-Anbahnung gebe es keinen Zusammenhang. Um die einzelnen Ebenen besser einordnen zu können, ist in jedem Fall das Alter des Kindes zu berücksichtigen. Folgende kleine Tabelle gibt Aufschluss, bis zu welchem Alter welche Ebene im Kreuzmuster durchgeführt werden sollte:

Im Kreuzmuster

Robben mit neun Monaten

Krabbeln mit elf Monaten

Gehen mit Armgegenschwung mit drei Jahren

Hüpferlauf mit fünfeinhalb bis sechs Jahren

Abb. 5 a und 5 b: Kreuz-muster-Gehen (Gehen mit Armgegenschwung)

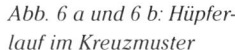

Körperkoordination und Gleichgewicht

Abb. 6 a und 6 b: Hüpfer-lauf im Kreuzmuster

Regelschüler mit ADS/ADHS sind nicht immer in ihrer Körpergeschicklichkeit beeinträchtigt. Manche zeigen sogar in sportlichen Fertigkeiten sehr gute bis ausgezeichnete Leistungen. Für sie scheint die diesbezügliche Leistungsfähigkeit ein guter Ausgleich für die schlechteren Leistungen in der Schule zu sein.

Es gibt aber auch Kinder mit ADS/ADHS, die bereits bei relativ einfachen Bewegungen als ungelenk auffallen. Die Eltern beschreiben ihr Kind dann häufig bereits schon im Kindergartenalter als „tollpatschig", wobei diese „Tollpatschigkeit" auch im Schulalter bestehen bleibt. Die Sportlehrer können meist sehr genau angeben, um welche Kinder es sich hierbei handelt. Die Bewegungen sind zwar nur minimal gestört. Diese Störung reicht jedoch aus, dem Kind immer wieder Schwierigkeiten bei alltäglichen Fertigkeiten zu bereiten. Dies kann sich auch darauf beziehen, dass die Kinder bei allen

Abb. 7 und 8: Liegende Acht mit jeweils einem Bein

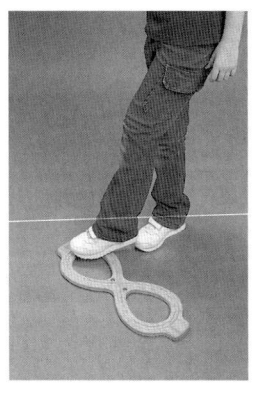

Probleme mit dem Gleichgewicht und der Körperkoordination führen zu vielfältigen Folgestörungen.

Gelegenheiten stolpern, sich verletzen oder bei Tisch versehentlich Gläser umkippen. Auch Fertigkeiten, wie z. B. Rollerfahren, Fahrradfahren oder auch Inlinerfahren, erlernen diese Kinder deutlich später als ihre gleichaltrigen Kameraden.

Ein Hinweis auf leichte Schwierigkeiten in der Körperkoordination kann z. B. sein, dass ein ansonsten im Alltag eher unauffälliges Kind die liegende Acht mit jeweils einem Bein nicht oder nur in äußerst unsicheren Bewegungsfolgen durchführen kann. Wichtig ist in diesem Fall zu beurteilen, inwieweit die Bewegungsform der liegenden Acht eingeschränkt ist, weil das sich bewegende Bein das Bewegungsmuster nicht abgerundet ausführen kann oder weil das Standbein zu unsicher ist, so dass das Kind nicht sicher genug auf einem Bein stehen bleiben kann, um die Bewegungsform der liegenden Acht korrekt ausführen zu können.

Gleichgewichtsstörungen

Der Gleichgewichtsbereich ist bei Regelschulkindern mit ADS/ADHS selten massiv beeinträchtigt. Es ist jedoch in jedem Fall nach einer gewissen Überempfindlichkeit oder auch Unterempfindlichkeit zu fragen. Darüber hinaus kann das Belancieren auf einer Linie in die Beurteilung mit aufgenommen werden. Denn wenn ein Kind z. B. mit offenen Augen sehr gut über einen auf den Boden aufgemalten Strich balancieren kann, mit geschlossenen Augen dabei jedoch deutliche Probleme hat, ist dies ein sicherer Hinweis auf ein gestörtes Gleichgewichtsempfinden.

Die Gleichgewichtsorgane, welche im Innenohr liegen, sind in ihrer Gesamtheit Voraussetzung für den aufrechten Gang des Menschen. Allerdings benötigt das Gehirn noch zusätzliche Informationen aus den unterschiedlichsten Gehirnregionen, um die Gesamtkörperhaltung beurteilen zu können.

Aus diesen komplizierten neuroanatomischen bzw. neurophysiologischen Zusammenhängen heraus ist es wichtig, bei einem Patienten, der nicht in der Lage ist, korrekt „sein Gleichgewicht zu halten", auszutesten, inwieweit diese Beeinträchtigung des aufrechten Gangs tatsächlich vom Gleichgewichtssystem herrührt. Denn es ist auch denkbar, dass das Gleichgewichtsorgan vollkommen in Ordnung ist, jedoch die zu- und wegführenden Bahnen geschädigt sind. Möglich ist auch, dass die motorischen Bereiche beeinträchtigt sind, die für die reine Koordination, also die Fähigkeit, kleinste Bewegungsunsicherheiten ausgleichen zu können, zuständig sind.

Diese Zusammenhänge können durch folgende zwei Beispiele veranschaulicht werden:

Ein Skifahrer, der noch absoluter Anfänger ist, erleidet durch das Anschnallen der Ski sicherlich keinen Schaden seines Gleichgewichtssinns. Trotzdem wird es ihm kaum möglich sein, an einem mittelsteilen Hang ohne wiederholte Stürze die Abfahrt zu bewältigen. Dieser Skifahrer hat Probleme – aber nicht mit seinem Gleichgewichtssystem, sondern mit seiner Körperkoordination, auch wenn man umgangssprachlich formulieren könnte: „Er hat Schwierigkeiten, sein Gleichgewicht zu halten."

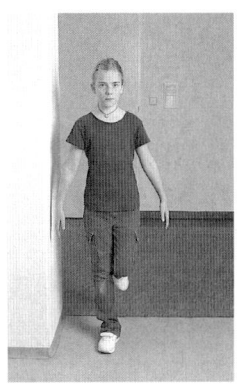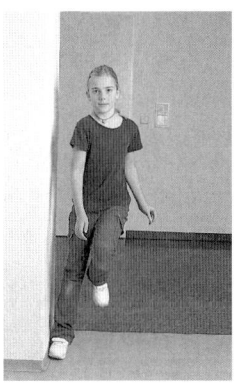

Abb. 9 a (links): Einbeinstand mit offensichtlich unauffälligem Gleichgewicht
Abb. 9 b und 9 c (Mitte und rechts): Künstlich herbeigeführte Beeinträchtigung der Körperkoordination: Das Kind kippt um, da die Wand seine Koordination stört.

Wenn Sie versuchen, auf einem Bein zu balancieren, können Sie registrieren, wie Ihre Fußmuskulatur in feinen ausgleichenden Bewegungen und Gegenbewegungen koordiniert arbeitet. Wenn Sie sich nun mit der Außenseite des Fußes, auf den Sie stehen wollen, komplett an eine Wand anlehnen, wird Ihnen der Einbeinstand nicht mehr möglich sein. Auch dabei gilt, dass durch diese Handlung nicht Ihr Gleichgewichtssystem beeinträchtigt wird, sondern Ihrer Körpermotorik die Fähigkeit genommen wird, koordinierte Ausgleichsbewegungen durchzuführen, da die Wand Sie daran hindert.

Schwierigkeiten besonders beim Abwärtsklettern müssen nicht unbedingt durch Gleichgewichts- oder Koordinationsstörungen verursacht werden; sie können auch auf fehlendes räumliches Sehen hindeuten.

Immer wieder ist zu beobachten, dass Kinder mit einer beeinträchtigten Körperkoordination – mit und ohne Störungen des Gleichgewichts – größere Schwierigkeiten beim Abwärtsklettern haben als beim Aufwärtskletten. Dies hat zum einen mit der Anatomie der beim Klettern eingesetzten Muskulatur und den hieraus resultierenden erforderlichen Bewegungen zu tun. Aber überprüft werden muss in einem solchen Fall unbedingt, ob für diese Schwierigkeiten eventuell ein beeinträchtigtes räumliches Sehen die Ursache ist.

Die Handfunktion

In diesem Bereich interessiert zum einen die reine Beweglichkeit der Hände bzw. Finger (sowohl aktiv als auch passiv) sowie das Vermögen, bestimmte Bewegungen in einer gezielten Reihenfolge koordiniert durchführen zu können; dies setzt auch ein gewisses Verständnis und eine Planung der Bewegungen voraus.

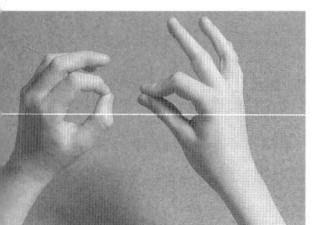

Abb. 10: Rechts Pinzettengriff und links Zangengriff

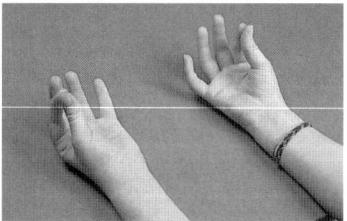

Abb. 11: Pinzettengriff aus der Padovan-Reihe (vgl. Abb. auf S. 88)

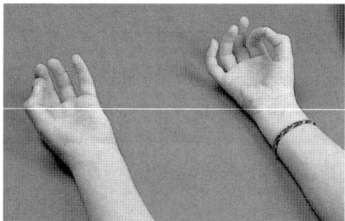

Abb. 12: Zangengriff aus der Padovan-Reihe (vgl. Abb. auf S. 88)

Die Handgeschicklichkeit einschließlich der Stifthaltung beim Schreiben hat große Bedeutung für das Schreibenlernen.

Das Greifen erfolgt beim Baby zunächst mit der ganzen Hand als so genannter Faustgriff. Die nächste Stufe stellt der Briefgriff dar, wenn der Daumen den Gegenstand gegen die anderen, meist gestreckten Finger drückt.

In den ersten zwei bis drei Lebensjahren können die Bewegungen der Hände im Verhältnis zum Unterarm nur auf- und abwärts erfolgen (im Sinne von „winke-winke"); danach entwickelt sich zusehends besser die Fertigkeit, schraubende Bewegungen auszuführen. Dies bezeichnet man als Pronation / Supination und die Beeinträchtigung dieser Bewegung als Dysdiadochokinese (siehe Abb. 17–20 auf Seite 36 f.).

Der Pinzettengriff, den das Kind gegen Ende des ersten Lebensjahres erwirbt, ist wichtig zum Ergreifen kleinerer Gegenstände. Eine Verfeinerung des Pinzettengriffs stellt der so genannte Zangengriff dar, der jedoch häufig nicht gesondert erwähnt wird (siehe Abb. 10, 11, 12).

Zwar sollte sich erst mit sechs bis sieben Jahren eine eindeutige Seitendominanz in der Händigkeit herausgebildet haben, jedoch „entscheiden" sich die meisten Kinder wesentlich früher für eine Seite. Kinder, deren Seitigkeit lange nicht festgelegt ist oder sich nie herauskristallisiert, zeigen so gut wie immer eine unvollständige Kreuzmuster-Anbahnung als Hinweis auf weitere Alltagsprobleme.

Abb. 13: Korrekte Stifthaltung für Rechtshänder: Stift zwischen Daumenspitze und Zeigefingerspitze

Abb. 14: Korrekte Stifthaltung für Linkshänder: Stift zwischen Daumenspitze und Zeigefingerspitze, wobei die Hand möglichst nicht den gerade geschriebenen Text verdecken sollte

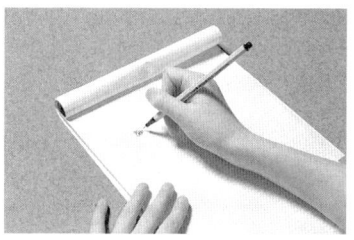

Abb. 15: Häufigste Fehlhaltung beim Schreiben: Der Stift liegt nicht gegen die Daumenspitze, sondern gegen das Daumengelenk.

Abb. 16: Der Stift liegt nicht gegen die Daumenspitze, sondern gegen das Daumenendglied.

Die Stifthaltung

Eine große Bedeutung kommt außerdem der Stifthaltung beim Malen und Schreiben zu. Leider nehmen sich dieser Problematik nur sehr wenige der Erzieher und Pädagogen an. Dabei ist bei vielen Kindern auffällig, mit welch verkrampfter Stifthaltung sie schreiben (Stift nicht zwischen Zeigefinger- und Daumenspitze, sondern an den unterschiedlichsten Stellen von Daumen und Zeigefinger oder auch zusätzlich gegen den Mittelfinger gedrückt). Es nimmt nicht Wunder, dass deren Schreibtempo äußerst langsam ist und somit keine

Wer den Stift verkrampft hält, muss sich voll auf den Schreibvorgang konzentrieren und kann nicht mehr auf die Rechtschreibung achten.

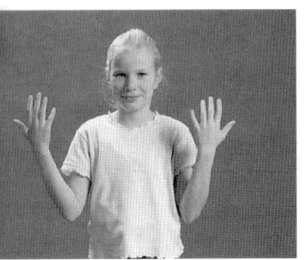

Abb. 17: Korrekte Supination der Hände vor dem Körper (Unterarm steht senkrecht, wobei die Drehbewegung nur über Unterarm und Hand erfolgt und der Oberarm jeweils nicht mitbewegt wird)

Abb. 18: Korrekte Pronation der Hände vor dem Körper (Unterarm steht senkrecht, wobei die Drehbewegung nur über Unterarm und Hand erfolgt und der Oberarm jeweils nicht mitbewegt wird)

Reserven mehr vorhanden sind, um sich um eine korrekte Rechtschreibung zu kümmern. Meistens entsteht zusätzlich eine Verkrampfung im Handgelenk, die wiederum dazu führt, dass die gesamte Schreibbewegung aus der Bewegung des Oberarms heraus erfolgt.

Eine Dysdiadochokinese (siehe Abb. 17–20) kurz vor der Einschulung oder gar in der ersten Klasse muss immer als Hinweis auf mögliche Schwierigkeiten bei der reinen Schreibtechnik gewertet werden. Ein Grund für die Zurückstellung vom Schulbesuch stellt eine solche feine Bewegungsstörung sicherlich nicht dar. Das Kind benötigt aber auf jeden Fall zusätzliche Übung beim Vorgang des Schreibenlernens; empfehlenswert ist darüber hinaus eine Ergänzung durch spezielle Fingerübungen (siehe Abb. 29–38, Seite 87 ff.).

Unabhängig von möglichen Störungen in der Handmotorik, die eine korrekte Stifthaltung erschweren, kommen auch Schwierigkeiten im Tastempfinden und in der Eigenwahrnehmung als Ursachen für eine verkrampfte Stifthaltung in Frage.

Die Testung der Handfunktion

Eine sehr gute Möglichkeit, die Handfunktion in mehreren Situationen zu testen, bietet die so genannte Padovan-Reihe, speziell Nr. 1 (Pronation / Supination) und Nr. 8. Diese Bewegungsfolgen sind ursprünglich als Übungen gedacht, eignen sich jedoch genauso als Test (siehe Abb. 29 und 36–38 auf Seite 87, 89). Man kann dabei gezielt die Drehbewegung (Pronation / Supination), die Fähigkeit, Bewegungen zu imitieren, und die eigentliche Motorik beurteilen sowie darüber hinaus, inwieweit bei eingeschränkter Körpereigenwahrnehmung eine optische Kontrolle der Bewegungen erforderlich ist.

Die meisten Kinder mit ADS/ADHS zeigen – auch noch im Schulalter – eine Beeinträchtigung *in der schnellen Daumenopposition nacheinander gegen die Finger derselben Hand mit beiden Händen gleichzeitig* (dies entspricht der Padovan-Übung Nr. 8). Besteht eine solche Bewegungsstörung, kann mit großer Wahrscheinlichkeit davon ausgegangen werden, dass das Erlernen der Schreibtechnik durch die Beeinträchtigung der Handfunktion erschwert sein wird.

Auch die Figur der liegenden Acht, mit beiden Händen vor dem Körper ausgeführt, ist eine Übungsfigur (siehe Abb. 44 und 45 auf

Seite 91), die sich zu diagnostischen Zwecken eignet: Inwieweit kann ein Kind hierbei die Mittellinie überkreuzen? Oder zeigt es zwei nebeneinander liegende Kreise und keine „8"? Kann es die Bewegungen abgerundet durchführen? Oder ist die Bewegungsstörung so groß, dass es eine solche Bewegung mit den Armen gar nicht ausführen kann?

Alle diese Abweichungen weisen auf Koordinationsstörungen und eine mangelnde Zusammenarbeit beider Gehirnhälften hin.

Grobmotorische und feinmotorische Fertigkeiten

In der Entwicklung des Kindes bilden sich im Regelfall zuerst grobmotorische Fertigkeiten heraus und danach feinmotorische. Trotzdem kann man bei manchen Kindern beobachten, dass sie im feinmotorischen Bereich keine Probleme, im grobmotorischen Bereich dagegen sehr wohl Beeinträchtigungen zeigen. Dies muss bei der Therapieplanerstellung berücksichtigt werden.

Bei grobmotorischen Handfertigkeiten (z. B. Ball werfen, auffangen oder prellen) spielen noch andere Bereiche eine Rolle, z. B. das Sehvermögen in Bezug auf die Hand-Auge-Koordination. Die Hand-Auge-Koordination entwickelt sich über gezieltes Greifen (abschätzen können, wo ein Gegenstand sich befindet und mit einer entsprechenden Greifaktion reagieren), über die Hand-Auge-Koordination bei langsamen Bewegungen (Fangen von Luftballons oder in Kurven geworfenen großen Bällen) bis hin zu schnellen Bewegungen (schnell und gerade geworfener Ball, Katz- und Maus-Spiel). Diese Details, die für viele Fertigkeiten bezüglich der Körperkoordination und der Handgeschicklichkeit eine wichtige Voraussetzung sind, basieren somit nicht nur auf den rein motorischen Abläufen, sondern auch auf einem intakten räumlichen Sehen (Stereosehen).

Linkshänder und „Beidhänder"

Eine besondere Betreuung durch gezielte Anleitung sollten Linkshänder erhalten. Denn diese Kinder müssen mit einer auf Rechtshänder ausgerichteten Schreibrichtung zurechtkommen. Zwar gibt es Linkshänder, die damit keine Probleme haben. Doch in der Mehrzahl der Fälle zeigen sich immer wieder typische Probleme.

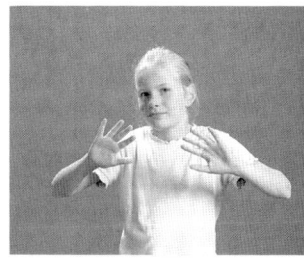

Abb. 19 und 20: Eingeschränkte Supination/ Pronation bzw. Dysdiadochokinese, da für diese Drehbewegung die Oberarme mitbewegt werden

Die Hand-Augen-Koordination muss sich über Handmotorik und Sehvermögen im Lauf der Zeit erst entwickeln.

37

So genannte „Beidhänder" sind wesentlich seltener als angenommen, da sehr viel häufiger die ursprünglich dominante Hand in ihrer Funktion leichtgradig beeinträchtigt und somit ungeschickter ist als die nicht dominante Hand. Dies verführt fälschlicherweise dazu, von einer so genannten Beidhändigkeit auszugehen. Bei betroffenen Kindern ist es wichtig, die tatsächliche Händigkeit herauszufinden, z. B. durch eine genaue Beobachtung der Padovan-Reihe, durch gezieltes Befragen der Eltern usw., aber auch unter der Berücksichtigung der Seitigkeit von Augen, Ohren und Beinen. Zeigt sich bei mehreren dieser speziellen Fertigkeiten ein Missverhältnis bezüglich der Seitigkeit, liegt der Verdacht auf eine „scheinbare Beidhändigkeit" schon nahe.

Zum Beispiel konnte ich bei mehreren meiner Patienten beobachten, dass ein „Linkshänder" (als solcher eingestuft wegen der linken Hand als Schreibhand) die Padovan-Reihe sowie andere Fertigkeiten des Alltags rechts wesentlich geschickter und abgerundeter ausführte.

Hier von Beidhändigkeit zu sprechen, ist falsch. Nach einer gewissen Zeit des konsequenten Übens (Übungen für beide Hände durch die Padovan-Reihe, Kreuzmuster-Übungen usw.) stellten sich diese Kinder spontan auf das Schreiben mit der rechten Hand um, sodass sich eine Harmonisierung der Seitigkeit ergab.

Taktil-kinästhetische Wahrnehmung und Propriozeption

Der Tastsinn spielt für jegliche Bewegung eine wichtige Rolle.

Wichtig für die Praxis ist zu wissen, dass die einzelnen Qualitäten des Tastsinns (Druck, Berührung, Vibration, Schmerz, Kälte und Wärme) in unterschiedlichen Nervenbahnen zum Thalamus und von dort aus wiederum in unterschiedlichen Bahnen zur Großhirnrinde weitergeleitet werden. Damit müssen bei einer möglichen Störung *nicht* alle Sinneswahrnehmungen gleichmäßig beeinträchtigt sein.

Von Bedeutung ist außerdem, dass für eine korrekte Fortbewegung (auch schon beim Robben in Bauchlage) die taktil-kinästhetische Wahrnehmung als Information über die Auflage der Extremitäten auf dem Boden sowie die Eigenwahrnehmung (Propriozeption) über die Stellung der Extremitäten im Raum wichtig ist. Dies bedeutet, dass allein durch Beeinträchtigungen im Tastempfinden enorme Schwierigkeiten in der Fortbewegung auftreten können. Kommen zusätzlich motorische Beeinträchtigungen hinzu, gilt dies in umso größerem Umfang.

Auch hier ist die Abgrenzung in der Diagnostik wichtig, um motorische Übungen durch Tastübungen ergänzen zu können. Wie bereits oben erwähnt, spielt die taktil-kinästhetische Wahrnehmung gerade auch bei der Handgeschicklichkeit eine große Rolle und ist damit ebenfalls für das Schreibenlernen von Bedeutung. Umgekehrt gilt, dass motorische Defizite zu ungenügenden Tasterfahrungen führen.

Die Austestung des Tastempfindens

Zwar ist die Bedeutung des Tastempfindens durch die Arbeiten von Félicie Affolter, Prof. E. J. Kiphard und Jean Ayres in den letzten Jahren zunehmend bekannter geworden. Allerdings wird auf diese Erkenntnisse häufig in der Diagnostik und insbesondere in der Therapie viel zu wenig eingegangen. Gerade die Tatsache, dass die Austestung des Tastempfindens sehr von der subjektiven Beurteilung durch den Tester abhängt, führt vermutlich dazu, dass keine eindeutigen Standards erarbeitet worden sind und wohl auch nicht erarbeitet werden können. Diese Subjektivität in der Austestung muss auf jeden Fall berücksichtigt werden. Dennoch sollten gezielt bestimmte Details ausgetestet werden, die jeder Untersucher am besten auf seine eigene Weise beschreibt.

Ein Tipp für die Eltern: Beschreiben Sie Ihre Ergebnisse bei den folgenden Austestungen jeweils mit eigenen Worten. Dann können Sie sehr wohl einige Wochen später die eingetretenen Verbesserungen beurteilen. Und dies ist das Wichtigste, nicht so sehr der ganz exakte Befund.

Kann ein Kind Unterschiede zwischen warm und kühl registrieren oder eventuell nur zwischen heiß und kalt unterscheiden, also nur die Extreme dieser Empfindungsqualität erfassen? Das reine *Tastempfinden* teste ich immer mit verschiedenen Bürsten aus (eine weiche Babyhaarbürste oder ein Pinsel, eine mittelweiche und eine

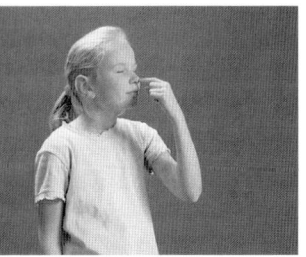

Abb. 21: Finger-Nase-Versuch (wichtig: geschlossene Augen)

Wichtig ist, dass Gegenstände allein über das Ertasten erkannt werden können. Dies nennt man Stereognosie.

Abb. 22: Finger-Finger-Versuch (wichtig: geschlossene Augen)

sehr harte Bürste). Normalerweise sollte ein Kind mit normalem Tastempfinden nur die sehr weiche als angenehm empfinden. Auch in diesem Bereich ist jeweils auf eine *Seitendifferenz* zu achten. Vom Untersucher auf den Unterarm des Kindes gesetzte *Tastpunkte* sollten bei größeren Kindern mit relativ wenig Ungenauigkeit (Differenz von weniger als einem halben Zentimeter) mit dem Zeigefinger der anderen Hand angegeben werden können. Auch die *Zwei-Punkte-Diskrimination* gibt Hinweise auf ein eingeschränktes Tastempfinden, wobei zu berücksichtigen ist, dass natürlicherweise die Zwei-Punkte-Diskrimination, z. B. zwischen Unterarminnenfläche und Rücken, variiert (wie die anderen hier beschriebenen Tastqualitäten auch).

Die *Stereognosie* stellt eine ausgereifte und äußerst anspruchsvolle Leistung des Gehirns dar. Von der Entwicklung her ist zu beobachten, dass bereits kleinere Kinder Gegenstände, mit denen sie häufig zu tun haben (z. B. Schnuller), sehr früh allein durch das Betasten erkennen können. Ein wichtiger Entwicklungsschritt ist erreicht, wenn das Kind einen Gegenstand allein durch das Tastempfinden erkennen kann, nachdem es ihn zuvor nur betrachtet und nicht berührt hat. Jetzt ist es nicht mehr darauf angewiesen, die Gegenstände bereits vor der Austestung berührt zu haben. Hierbei werden zwei Sinnesqualitäten im Gehirn vernetzt – die optische und die taktile. Spätestens ab dem Schulalter sollte es Kindern auch möglich sein, Gegenstände oder Holzfiguren, die ihnen nur im Bild gezeigt werden, allein über den Tastsinn zu erkennen.

Entscheidend ist, dass die Identifikation gesetzter Tastpunkte, die Zwei-Punkte-Diskrimination sowie die Stereognosie immer ausgetestet werden, während das Kind die Augen geschlossen hat – oder die Gegenstände durch ein so genanntes Fühlsäckchen verborgen sind.

Die *Propriozeption bzw. die Körpereigenwahrnehmung* ist eine wichtige Voraussetzung für die Durchführung von komplizierteren Bewegungen, da nur hierdurch immer wieder die korrekte Rückmeldung, in welcher Stellung die einzelnen Körperteile sich gerade befinden, gegeben werden kann (siehe auch Padovan-Übung Nr. 8 auf Seite 89). Austesten lässt sich diese Propriozeption unter anderem durch den Finger-Nase-Versuch oder auch den Finger-Finger-Versuch. Darüber hinaus kann man das Kind noch dazu auffordern, bestimmte Handstellungen oder auch Körperstellungen zu imitieren. Man sieht bei dieser Aufgabenstellung sehr gut, welchen Kindern dies problemlos gelingt und welche selbst deutliche Abweichungen nicht registrieren.

Aus diesen Einzelbausteinen lässt sich letztlich trotz der eingangs erwähnten Subjektivität sehr gut feststellen, inwieweit die taktil-kinästhetische Wahrnehmung und auch die Propriozeption vollkommen unauffällig sind oder mit Schwierigkeiten verbunden sind und eventuell zu Problemen beim Ablauf von Bewegungen führen.

Sehvermögen und Augenbeweglichkeit

Es sollte heutzutage selbstverständlich sein, dass bei jedem Kind in gewissen Abständen die *Sehschärfe* geprüft und bei einer Fehlsichtigkeit eine entsprechende Brille angepasst wird. Erstaunlicherweise trifft man jedoch immer wieder auf Kinder, die fehlsichtig sind, aber diesbezüglich noch nie untersucht worden sind, da sie selbst und ihre Umgebung diese Fehlsichtigkeit nicht bemerkt haben. Gerade bei Kindern mit Wahrnehmungsstörungen im optischen Bereich muss man davon ausgehen, dass diese Verarbeitungsstörungen, verbunden mit einer Fehlsichtigkeit, wesentlich größere Probleme bereiten als dies bei ausgeglichener Sehschärfe der Fall wäre. Es muss nicht sein, dass z. B. ein elfjähriger Junge, der die fünfte Klasse der Hauptschule besuchte, nach der Verordnung einer Brille bei Kurzsichtigkeit zum ersten Mal in seinem Leben feststellte, „was alles auf der Schultafel steht". Dies passierte, nachdem bereits drei Sehtests durchgeführt worden waren, ich jedoch der Meinung war, dass deren Ergebnis nicht mit dem tatsächlichen Verhalten dieses Jungen in Einklang zu bringen war, so dass ich einen weiteren Sehtest anregte.

In die Überlegungen, ob eine Brille zum Ausgleich der Fehlsichtigkeit sinnvoll ist, muss auf jeden Fall die Tatsache einbezogen werden, dass Kinder im Alter bis zu vier Jahren eine Weitsichtigkeit von bis zu +4 Dioptrien aufgrund des noch sehr weichen Bindegewebes ausgesprochen gut ausgleichen können. Das heißt, diese Kinder

Bei jedem Kind sollte regelmäßig die Sehschärfe überprüft werden.

41

sind dazu in der Lage, trotz der starken Weitsichtigkeit scharf zu sehen. Allerdings werden sie durch diese Anstrengung sehr schnell erschöpft, und ihr Konzentrationsvermögen nimmt rasch ab. Aus diesem Grund sollte immer dann, wenn ein Kind relativ schnell ermüdet, ein objektiver Sehtest angestrebt werden.

Ursachen für eine Schielstellung der Augen können sein: eine unterschiedliche Länge der Augenmuskeln, eine stark unterschiedliche Sehschärfe beider Augen sowie eine neuronale Störung im Bereich der zentralen Strukturen (Nervenkerne, Nervenbahnen usw.). Gerade Letzteres findet man bei Kindern mit Hirnfunktionsstörungen relativ häufig.

Die Abklärung der Schielursache ist deswegen so wichtig, weil z. B. eine Schieloperation, wie sie üblicherweise durchgeführt wird, bei neuronalem Schielen keine dauerhafte Besserung bringen würde, bei einer unterschiedlichen Länge der Augenmuskeln aber sehr wohl. Eine Verbesserung bringen jedoch die in diesem Buch erwähnten Übungen (siehe Seite 92). Es muss auch herausgefunden werden, ob beide Augen abwechselnd eingesetzt werden oder ob ein Auge vernachlässigt wird. Denn wenn ein Auge durch das Schielen vernachlässigt wird, besteht die Gefahr, dass dieses Auge erblindet. Durch einen Okklusionsverband, der regelmäßig täglich eine bestimmte Zeit getragen wird, kann dies verhindert werden.

Es ist nicht nur wichtig herauszufinden, ob das Kind mit beiden Augen parallel in alle Richtungen blicken kann, sondern es sollte ebenfalls getestet werden, inwieweit das Kind dazu in der Lage ist, einem sich schnell hin und her bzw. auf- und abwärts bewegenden Gegenstand mehrmals von einer Seite zur anderen nachzublicken. Kann das Kind diesem Gegenstand schnell folgen oder ist seine Augenbewegung sehr viel langsamer? Sind die Bewegungen der Augen fließend oder kommt es zu ruckartigen Bewegungen? Ist das Kind in der Lage, seine Augenbewegungen ebenfalls zu stoppen, wenn der sich schnell bewegende Gegenstand plötzlich gestoppt wird, oder schießt es mit den Augen über das Ziel hinaus? Auch die *Seitendominanz* gibt wichtige Hinweise: Welches Auge ist das führende?

Weitere Detailfunktionen, die bei Eintritt in die Schule von großer Bedeutung sind, werden auf den folgenden Seiten erläutert, die daraus resultierenden Probleme beschrieben sowie durch eigene Beobachtungen ergänzt.

Detailfunktionen der optischen Wahrnehmung

Die *optische Differenzierungsschwäche* erschwert z. B. die Unterscheidung von „E" und „3" und „M" und „W", „V" und „U" oder auch „5" und „S". Dies gilt sowohl für Buchstaben als auch für ähnlich aussehende Ziffern. Diese werden schnell verwechselt, da die Kinder sie nicht ausreichend genug differenzieren können, um z. B. zu erfassen, dass bei einer „6" der Kringel unten und bei einer „9" der Kringel oben ist. Ähnliche Schwierigkeiten bestehen bei der Unterscheidung der Ziffern „4", „1" oder „7", da diese drei Ziffern jeweils gerade Striche, die in unterschiedlichen Winkeln aneinander gelegt werden, enthalten. Auch die Ziffern „3" und „8" bereiten diesen Kindern große Schwierigkeiten. Die optische Wahrnehmung ist hierfür noch nicht exakt und differenziert genug. Ebenfalls in diesen Bereich gehört die *optische Rechts-Links-Unsicherheit*. Eine solche Rechts-Links-Unsicherheit geht in den allermeisten Fällen einher mit großen Schwierigkeiten, bei der Durchführung der liegenden Acht den Händen hinterher schauen zu können. Gleichzeitig weist diese Einschränkung auf eine noch nicht ganz korrekte Hand-Augen-Koordination hin, die im Alltag nicht unbedingt auffallen muss, gerade aber bei höheren Anforderungen – und dazu gehört das Schreiben von Texten – nicht ausreicht.

Durch die optische Rechts-Links-Unsicherheit kommt es zu Schwierigkeiten in der Unterscheidung von z. B. „ie" und „ei" und auch „d" und „b". Lange Zeit galt diese Schwierigkeit als klassisches Beispiel für eine Legasthenie. Kinder, die eine solche Rechts-Links-Unsicherheit nicht zeigten, galten nicht als Legastheniker, auch wenn sonst alle weiteren Merkmale erfüllt waren. Entsprechende Legasthenieunterlagen auszufüllen (so z. B. zwei spiegelbildliche Tulpen, vier spiegelbildliche Mäuse oder auch sechs spiegelbildliche Fische zu unterscheiden), fällt diesen Kindern sehr schwer. Häufig, aber nicht immer, können sie zwar die einzelnen Figuren im Detail gut unterscheiden, aber die Rechts-Links-Unterscheidung gelingt ihnen nicht. Diese Schwierigkeit läuft parallel mit einer deutlich erhöhten

Schwierigkeiten, geringe Unterschiede in Buchstaben oder Ziffern zu erkennen, ziehen weit reichende Probleme nach sich.

Häufiges Verwechseln von „b" und „d" ist zwar ein typisches, aber nicht unbedingt ein erforderliches Zeichen für eine Lese-Rechtschreib-Schwäche.

optischen Ordnungsschwelle. An dieser Stelle möchte ich nur die Kurzdefinition der *Ordnungsschwelle* wiedergeben. Weiterführende Informationen hierüber sind Fred Warnkes Buch „Der Takt des Gehirns" zu entnehmen (siehe Literaturverzeichnis).

> Die Ordnungsschwelle ist von zentraler Bedeutung. Sie ist diejenige Zeitspanne, die zwischen zwei Sinnesreizen mindestens verstreichen muss, damit wir diese getrennt wahrnehmen und in eine zeitliche Reihenfolge, also in eine Ordnung, bringen können. Bei Kindern ab zehn Jahren und Erwachsenen sollte sie zwischen 30 und 40 Millisekunden liegen.

Bezüglich der Austestung verweise ich auf die Austestung der akustischen Ordnungsschwelle (siehe Seite 58 f.). Die optische Ordnungsschwelle ist wichtig für die optische Differenzierung von Details, für die Gliederung, aber auch für das Erkennen von Formen, Größen und Mengen, und somit auch für die Geometrie. Denn bei allen diesen Fertigkeiten muss das Auge blitzschnell die unterschiedlichsten Details aufnehmen und korrekt verarbeiten. Keine Form kann man ohne diese spezielle Art der Rechts-Links-Differenzierung korrekt wahrnehmen, verarbeiten und speichern. Generell gilt dies auch für eine häufig erwähnte Fertigkeit, die *Figur-Grundwahrnehmung*. Diese beschreibt die Fertigkeit, Figuren vor einem Untergrund bzw. Hintergrund korrekt zu erkennen und zu erfassen. Auch diese Fertigkeit baut auf den grundlegenden Differenzierungsmöglichkeiten auf und ist somit häufig parallel zu einer erhöhten Ordnungsschwelle ebenfalls beeinträchtigt.

Häufige Probleme

Aus einer optischen Rechts-Links-Unsicherheit ergeben sich beim Rechnen typische Probleme.

Eine optische Rechts-Links-Unsicherheit führt speziell beim Rechnen zu folgenden Basisproblemen:

Hierbei geht es zum einen speziell um die *Differenzierung der Seitigkeit*. Der Unterschied zwischen „3" und „E" ist für diese Kinder schwer zu erfassen. Aber auch die Schreibweise von zweistelligen (und größeren) Zahlen fällt ihnen schwer, da sie die Ziffern vertauschen (ähnlich wie beim Vertauschen der Buchstaben beim Schreiben). Dies kann nur teilweise mit der deutschen Bezeichnung von zweistelligen Zahlen (z. B. „21", „35"), bei der die Einerzahl zuerst genannt wird und dann die Zehnerzahl, erklärt werden. Denn das Verdrehen von Ziffern geschieht bei diesen Kindern zwar besonders häufig zwischen Einer- und Zehnerzahl, aber auch zwischen anderen Ziffern, die nicht speziell von dieser Aussprache betroffen sind.

Besonders häufig ist jedoch zu beobachten, dass die Ziffernfolge beim Schreiben verkehrt ist. Nehmen wir z. B. die Zahl „573" – das Kind schreibt nicht „5", „7", „3"; es schreibt zuerst die „5", dann die „3" und zum Schluss in die Mitte die „7". Diese Schreibweise führt bei schnellem Schreiben und bei steigender Nervosität, z. B. in Klassenarbeiten, dazu, dass in diesem Beispiel die „7" oft nicht an die richtige Stelle gesetzt wird, sondern einfach dahin, wo am meisten Platz ist. Zu beobachten ist, dass sehr viele Kinder in der zweiten Klasse diese Art der Ziffernreihenfolge wählen, vermutlich aus dem Grund, dass einfach die Sprachreihenfolge der Ziffern beim Schreiben übernommen wird. Oft wird diese Schreibweise der Zahlen von Lehrern leider nicht korrigiert. Es ist typisch, dass Kinder ohne Rechts-Links-Differenzierungsschwäche in der dritten Klasse kaum Probleme mit der Umstellung haben. Kinder mit einer Rechts-Links-Schwierigkeit benötigen für die Umstellung, ohne die es bei größer werdenden Zahlen kaum geht, sehr viel länger oder machen hierdurch, da ihnen die Umstellung nicht gelingt, noch zusätzliche Fehler, die nicht nötig wären.

Regelrechte Ziffernverdreher führen dazu, dass Kinder bei Aufgaben, die sie im Grunde richtig lösen könnten, doch zu falschen Ergebnissen gelangen. Folgendes Beispiel soll die hieraus entstehende Problematik erläutern:

$$
\begin{array}{r}
132 \\
+\ 394 \\
\hline
526
\end{array}
\qquad
\begin{array}{r}
123 \\
+\ 349 \\
\hline
472
\end{array}
$$

Korrekte Schreibweise und richtige Addition mit richtigem Ergebnis

Richtige Addition, aber wegen der Ziffernverdreher mit falschem Ergebnis

Auch beim Lesen-lernen führt eine erhöhte optische Ordnungsschwelle zu Schwierigkeiten.

Die mit der erhöhten Ordnungsschwelle in Zusammenhang zu bringende *optische Gliederungsschwäche* führt dazu, dass Wörter nicht sinnvoll aufgegliedert werden können. Häufig entstehen somit Fehler in der Wortmitte. Um ein Wort lesen zu können, müssen die Kinder aus dem Zusammenhang heraus raten. Das Lesen sinnfreier Wörter oder Silbenfolgen ist stark beeinträchtigt, da dabei der Kontext (Textzusammenhang) fehlt. Hierüber kann auch die Austestung erfolgen, indem man das Kind bittet, so genannte Unsinnstexte zu lesen. Häufig sind diese Kinder hierzu nicht in der Lage, sondern raten die entsprechenden Wörter.

Oder aber es besteht die Möglichkeit, dass ein Kind z. B. die erste Zeile eines solchen Textes einwandfrei lesen kann, jedoch von Zeile zu Zeile mehr Fehler beim Lesen macht und auch zunehmend langsamer wird.

Dies zeigt, welch starke Konzentration es für das Kind bedeutet, beim Lesen auf den Textzusammenhang verzichten zu müssen. Auf das Lesen üblicher Texte übertragen, zeigt dies die Anstrengung beim Lesen sehr deutlich, wodurch mit steigender Länge des Textes die zunehmende Unsicherheit, das verlangsamte Tempo und die steigende Fehleranzahl erklärt werden.

Es gibt auch Kinder, die einen solchen Text schnell, flüssig und ohne zu stocken lesen – allerdings kein einziges Wort richtig lesen. Diese Kinder lesen nicht „gliedernd", sondern raten allein aus dem optischen Eindruck heraus das zu lesende Wort, so z. B. über den Wortanfang, das Wortende und die Wortlänge.

Geübte und schnelle Leser lesen meistens über den gesamten optischen Eindruck und gliedern das einzelne Wort somit nicht mehr in einzelne Buchstaben auf. Dieser gesamte optische Eindruck wird verglichen mit den bekannten im Gehirn gespeicherten Wörtern. Dies erfolgt in Sekundenbruchteilen, so dass ein schnelles und flüssiges Lesen die Folge ist. Allerdings kann ein solch routinierter Leser bei komplizierten Wörtern wie z. B. „Trottellumenwaschmaschine" sehr schnell umsteigen und sich dieses schwierige Wort über die entsprechende Gliederung und Aufschlüsselung erarbeiten. Diese Fähigkeit des Umsteigens von einer Leseart zur anderen ist es, die bei lese-rechtschreibschwachen Kindern besonders häufig beeinträchtigt ist.

Probleme bei der Gliederung und mit der Merkfähigkeit

Lesen Sie einmal folgende Ziffern und versuchen Sie, sich diese Ziffern auswendig zu merken: 19452000187177 6437. Personen mit einer gut funktionierenden optischen Gliederung erledigen diese Aufgabe, wie der Neurobiologe William Calvin beschreibt, recht schnell über das so genannte *„Chunking".* Dies bedeutet, dass sich sofort innerhalb Bruchteilen von Sekunden die beschriebene Ziffernreihe in folgende Zahlen zerlegen lässt: 1945 2000 1871 7 76437. Nun muss sich das Gedächtnis nur noch merken: Ende des zweiten Weltkrieges, erstes Jahr des neuen Millenniums (oder nach korrekter Rechnung: letztes Jahr des alten Millenniums, auf jeden Fall „der Jahreswechsel schlechthin"), das Jahr, in dem Wilhelm I. in Versailles zum deutschen Kaiser ausgerufen wurde, die Ziffer „7" ohne größere Bedeutung und als Letztes die Postleitzahl von Rastatt. Sie sehen, dass man sich aufgrund dieser optischen Gliederung lediglich eine Ziffer und zwar die Ziffer „7" als isolierte Ziffer merken muss, um die gesamte Ziffernkolonne auswendig behalten zu können. Personen, die eine eindeutige optische Gliederungsschwäche haben, können diese Gliederung nicht spontan erfassen. Schulkinder mit entsprechenden Problemen erfassen nicht einmal bei mehrstelligen Zahlen, ob es sich um Tausender, Zehntausender oder noch größere Zahlen handelt. Genauso schwierig ist es für diese Kinder, bestimmte Reihenfolgen von Ziffern einzuhalten oder auch aus einer Ziffernfolge eine logische Systematik herauszulesen.

Kinder, die sich die einzelnen Wörter (aber auch Zahlen) nicht vor dem „inneren Auge" einprägen können, da sie hauptsächlich aus dem Kontext heraus raten, welches Wort gemeint ist, zeigen zusätzlich eine *optische Behaltensschwäche.* Bei dieser optischen Behaltensschwäche haben die Kinder große Probleme mit dem Wortbildgedächtnis. Auffallend ist, dass sie sich häufig lange und schwierige Wörter besser merken können als kurze und einfache, vielleicht, weil die längeren interessanter sind. Denn zum Merken und Sich-Erinnern gehört immer ein gewisses Interesse.

Die angeführten Beispiele zeigen, dass eine gute und sinnvolle Gliederung sowie die exakte Einprägung aller Details das Behalten von Wörtern und auch Texten verbessern kann. Oder umgekehrt: Die

Wer Wörter und Zahlen nicht sinnvoll gliedern kann, hat Probleme, ihren Sinn zu erfassen und sie sich zu merken.

Behaltensschwäche wird durch eine bereits vorhandene Gliederungsschwäche, durch eine eingeschränkte Figur-Grundwahrnehmung und weitere Störungen der Detailwahrnehmung noch verstärkt.

Gehör und Sprachverständnis

Hörstörungen fallen bei Kindern oft erst spät auf – das hat schwer wiegende Folgen für ihre Entwicklung.

Selbst Kinder mit einer deutlichen Innenohrschwerhörigkeit fallen der Umgebung häufig nur durch eine Sprachentwicklungsverzögerung auf, die allein durch eine entsprechende Hörgeräteversorgung (mit den hiermit verbundenen logopädischen Übungen) oder gar durch ein Cochlea-Implantat wesentlich gemindert werden könnte. Zu beachten ist noch, dass diese Formen der Hörstörungen – *Innenohrschwerhörigkeit, aber auch eine Mittelohrschwerhörigkeit* – gleichzeitig mit zentralen Verarbeitungsstörungen (sensorischer Integrationsstörung) auch aus anderen Bereichen bestehen können, wenn auch nicht müssen.

Valentin wurde im Alter von knapp sechs Jahren in meiner Praxis vorgestellt. Es bestand bei ihm eine hochgradige Innenohrschwerhörigkeit, deretwegen er mit Hörgeräten versorgt worden war, allerdings erst mit 15 Monaten. Infolgedessen waren sein Sprachverständnis und sein aktives Sprachvermögen deutlich beeinträchtigt. Ein mit fünfeinhalb Jahren durchgeführter Intelligenztest (Snjiders-Omen) ergab einen IQ von 68. Schon beim ersten Vorstellungstermin teilte ich der Mutter mit, dass Valentins Verhalten und auch seine Entwicklung trotz zum Teil massiver Wahrnehmungsstörungen nicht diesem stark eingeschränkten IQ entsprechen. Das Therapieprogramm mit Kreuzmuster-Übungen, Fingerübungen und Übungen zur Verbesserung der Wahrnehmungsbereiche führte bei Valentin zu sehr erfreulichen Fortschritten, die durch zwei Cochlea-Implantate noch stark verbessert werden konnten. Im Laufe der Zeit kristallisierte sich bei ihm ein ADHS mit verstärkter Impulsivität, weniger mit Hyperaktivität, heraus. Die Familie bekam vom Kinderarzt für Valentin Ritalin verschrieben, begann diese medikamentöse Therapie und setzte (leider, aber schon fast verständlicherweise) auf die Empfehlung des Kinderarztes hin die Übun-

gen ab. Zunächst ergab sich eine leichte Verbesserung der Situation, danach eine Stagnation. Erst mit dem erneuten Beginn der Psychomotorischen Ganzheitstherapie zeigten sich weitere Fortschritte. Inzwischen besucht Valentin die zweite Klasse einer Schule für schwerhörige Kinder (Grundschulzeit in fünf Jahren geplant) und entwickelt sich gut. Seine Wahrnehmungsstörungen werden kontinuierlich weiter abgebaut, was sich sowohl in der allmählichen Normalisierung seiner Impulsivität als auch in seinen zufrieden stellenden schulischen Leistungen zeigt. Ritalin als Ergänzung zu den Übungen aus der Psychomotorischen Ganzheitstherapie bietet im Moment das Maximum an gezielter Förderung.

Auch wenn das periphere Hörvermögen bei den meisten Kindern zum Zeitpunkt des ersten Vorstellungstermins nicht beeinträchtigt ist, ist ein gezieltes Nachfragen unerlässlich. Bei Verdacht auf eine zentrale akustische Verarbeitungsstörung (siehe in diesem Kapitel aufgeführte Tests bezüglich der einzelnen akustischen Detailfunktionen) sollte darüber hinaus unbedingt zusätzlich ein standardisierter Hörtest durchgeführt werden. Denn es zeigt sich immer wieder, dass eine leichte oder auch mäßige Schwerhörigkeit sehr wohl durch Ersatzstrategien aufgefangen werden kann – aber nur bis zu einem gewissen Grad.

Dies bedeutet, dass Alltagsfunktionen scheinbar ungestört ablaufen. Höhere Anforderungen, wie z. B. korrektes Lesen und Schreiben, werden jedoch nur fehlerhaft bewältigt. Je kleiner ein Kind ist, desto eher muss die so genannte Audiometrie „im freien Schall" durch eine BERA (Brainstemmed Electric Response Audiometrie) bzw. ERA zur Objektivierung des Befundes ergänzt werden. *Dass eine periphere Hörminderung die zentrale Verarbeitung zusätzlich noch verstärkt, versteht sich von selbst. Denn:*

> Die reine periphere Hörfähigkeit ist die Grundvoraussetzung zur akustischen Wahrnehmung. Darüber hinaus ist jedoch mindestens genau so wichtig, dass die zentrale Verarbeitung der akustischen Signale ungestört ablaufen kann.

Die akustische Wahrnehmung

Betonung und Tonhöhe eines Satzes sind wichtig für die Sinngebung.

Zwar finden sich immer wieder Hinweise in der Literatur darauf, dass bei Kindern mit ADS/ADHS eine gewisse Schwierigkeit in der akustischen Wahrnehmung besteht. Besonders deutlich weist jedoch Fred Warnke auf dieses Phänomen und die entsprechend veränderten Detailfunktionen hin. Warnke spricht sogar von der „Spitze des Eisbergs", wenn er die Situation dieser Kinder beschreibt. Diese Wortwahl ist sehr treffend, denn letztlich sind die bestehenden Schulschwierigkeiten und Verhaltensauffälligkeiten nur die Symptome, die nach außen vordringen, und somit die Spitze des Eisbergs. Die dieser Symptomatik zugrunde liegenden Wahrnehmungsstörungen werden häufig nur unterschwellig erahnt, aber nicht genau erfasst.

Folgende Detailfunktionen, auf die Warnke besonders hinweist, und die hierdurch verursachten Probleme beim Lesen und Schreiben sind im Bereich der zentralen Hörverarbeitung von besonderer Bedeutung. Entsprechende Beobachtungen aus meiner eigenen Praxis wurden jeweils eingefügt.

Tonhöhen-Diskrimination

Hierunter versteht man die Fähigkeit, zwischen hohen und tiefen Tönen unterscheiden zu können (siehe auch „Sound Boy", Seite 50 f.).

Bereits Säuglinge, ja sogar das Kind im Mutterleib, reagieren auf unterschiedliche Tonfrequenzen in unterschiedlicher Art und Weise: Auf hohe Töne reagieren sie deutlich positiver. Vermutlich ist dies auch der Grund, warum jeder Erwachsene instinktiv seine Stimme anhebt, wenn er mit einem Baby spricht. Im Lauf der Entwicklung reagieren Kinder zunehmend besser und gezielter auch auf tiefere Töne.

Kinder, die die Folge von zwei Tönen nicht als hoch/tief bzw. tief/hoch identifizieren können (oder dies nur bei langsamer Tonfolge und weitem Abstand der Töne), sprechen oder lesen auch in einer sehr monotonen Art und Weise. Denn wir betonen durch die Variierung der Tonhöhe bzw. Frequenz und kontrollieren unsere Stimme durch unser Gehör. Üblicherweise sollte ein Ganztonschritt (große Sekunde) im Schulalter richtig identifiziert werden können. Doch nicht selten kann ein Kind mit Schwierigkeiten in der Tonhöhen-Diskrimination nicht einmal bei fünf Tönen (Quint) Abstand die korrekte Reihenfolge wiedergeben. Wem dies zu „musikwissenschaftlich" und somit für den Durchschnittsschüler zu speziell und unnötig erscheint, der betone folgenden Satz in sechs unterschiedlichen Varianten, nämlich bei jedem Durchgang auf einem anderen Wort: „Ich schenke dir zehn rote Rosen". Hierdurch entsteht dann bei jeder Variante eine vollständig andere Bedeutung. Ohne korrekte Tonhöhen-Diskrimination ist man auf den Kontext angewiesen, um den Satz richtig verstehen und deuten zu können. Dies bedeutet wiederum, dass das Kind, anstatt einfach zu hören, zeitraubend über den Sinn des Satzes nachdenken muss, um die nächsten Sätze und den Gesamtzusammenhang richtig einordnen zu können. Schon ist der Anschluss im Diktat verpasst, und Fehler sind vorprogrammiert.

Bei sehr vielen Kindern mit einem ADS/ADHS erlebe ich die Tonhöhen-Diskrimination als die am stärksten beeinträchtigte akustische Detailfunktion. Hierzu passt die Notiz, die ich kürzlich in dem Elternratgeber aus der Jugendzeitschrift „Floh" gefunden habe: „In einer Klasse mit 30 Schülern können nur noch drei einigermaßen notengerecht eine Melodie nachsingen, vor 30 Jahren waren es noch 27! Vor allem das frühere ‚Alltagssingen' verkümmert. Die meisten scheuen sich, weil ihnen das Gerüst fehlt – Texte und Noten des traditionellen Liedgutes sind kaum noch bekannt …"

Meine Beobachtungen gehen genau in dieselbe Richtung, denn im Elternhaus, aber auch in Kindergärten und Schulen wird heute viel zu wenig gesungen. Da ist zwar die musikalische Früherziehung, die sich zunehmend größerer Beliebtheit erfreut, als positives Element zu werten, aber letztendlich doch nur ein Tropfen auf dem heißen Stein. Darüber hinaus kommt nur ein kleiner Teil aller Kinder in diesen Genuss. Natürlich ist der fehlende Umgang mit Gedichten, Reimen und Liedern – also mit Rhythmik und Tönen – sicherlich nicht die einzige Ursache für die heutzutage so oft anzutreffenden Schwierigkeiten im akustischen Bereich. Aber dies verschärft die bestehende Situation noch zusätzlich. Die andauernde Berieselung durch Tonkassetten kann den aktiven Umgang mit Musik nicht ersetzen.

Singen und Musik-
machen fördern die
akustische Wahrneh-
mung in besonderer
Weise.

Musik und Sprache sind nicht voneinander zu trennen, da Musik im Gehirn wie Sprache verarbeitet wird. Leipziger Neurowissenschaftler des Max-Planck-Instituts für Neuropsychologie haben herausgefunden, dass die Fähigkeit, die harmonische Ordnung einer Musik zu erkennen, angeboren ist. Im Lauf der frühen Kindheit wird sie dann vom jeweiligen Kulturkreis auf die schwerpunktmäßig darin anzutreffenden Töne und Klänge sowie Buchstaben und Buchstabenkombinationen geprägt. Bei der Verarbeitung von Sprache und Musik werden dieselben Hirnareale aktiviert, und nicht, wie früher angenommen, durch die Sprache die linke und durch das Hören von Musik die rechte Hemisphäre. Auch dies erklärt die immense Bedeutung eines exakten Gehörs für die korrekte Prägung des Gehirns und die Bedeutung von Musik für die Sprachentwicklung.

Akustische Differenzierungsschwäche
Probleme im Bereich der Tonhöhen-Diskrimination führen zu einer *akustischen Differenzierungsschwäche, d. h. der Unfähigkeit, ähnlich klingende Buchstaben akustisch unterscheiden zu können.* Wichtig zu wissen ist, dass sehr wohl eine *akustische Differenzierungsschwäche* vorhanden sein kann, auch wenn das reine (periphere) Hörvermögen, welches durch eine Audiometrie gemessen wird, unauffällig ist. Eine solche Situation besteht immer dann, wenn die Eltern ihr Kind in Alltagssituationen als auffällig in Bezug auf akustische Reize beschreiben, die entsprechenden Hörtests jedoch unauffällig sind. Die Aussage der Eltern lautet meistens: „Die Hörtests waren zwar alle in Ordnung. Aber trotzdem stimmt etwas mit dem Gehör meines Kindes nicht." Diese Kinder haben z. B. große Schwierigkeiten, ähnlich klingende Laute wie z. B. d/t, b/p, g/k, ei/eu usw. auseinander zu halten. Kommt dann noch eine geografisch variable Aussprache hinzu (z. B. bei den Wörtern „Abend" oder „bald"), wird es dem Kind unmöglich sein, heraus zu hören, ob sich dieses Wort am Ende mit „d" oder „t" schreibt. Bei Kindern, die im Aufsatz korrekt schreiben, in Diktaten jedoch viele Fehler machen, besteht mit großer Wahrscheinlichkeit eine solche akustische Differenzierungsschwäche, jedoch ohne Beeinträchtigung der optischen Detailfunktionen.

Sehr leicht kann man dagegen bei Kindern mit einer Lese-Recht-schreib-Schwäche erkennen, inwieweit zusätzlich zu dieser akustischen Differenzierungsschwäche eine optische Behaltensschwäche (siehe Seite 43 ff.) besteht. Denn wer allein vom Wortbild her weiß, wie man „Abend" oder „bald" schreibt, ist nicht darauf angewiesen, die Schreibweise dieser Wörter exakt heraus zu hören.

Silben-Diskrimination (phonematische Diskrimination)

Im Verlauf des ersten Lebensjahres entwickelt das Kind ein immer feineres Gehör, was Details aus akustischen Reizen betrifft. Dementsprechend werden seine Laute variationsreicher. In der ersten Lautierphase werden zufällige Laute aneinander gereiht. Wenn das Kind ungefähr im fünften bis sechsten Lebensmonat aus der es umgebenden Sprache anfängt, Silben herauszuhören, übernimmt es diese Silbenketten in seine aktive Sprache. Dies wird als zweite Lautierphase bezeichnet, die von Kindern ohne jegliche Silben-Diskrimination nie erreicht wird. Stark schwerhörige Kinder verstummen sogar ganz, wenn sie zu diesem Zeitpunkt nicht mit Hörgeräten versorgt sind.

Die Fähigkeit, Silben unterscheiden zu können, entwickelt sich bereits im ersten Lebensjahr.

Im Lauf der nächsten Jahre wird diese Silben-Diskrimination zunehmend feiner. Es ist einsichtig, dass eine ganz exakte Silben-Diskrimination nicht nur für eine korrekte aktive Sprache, sondern auch für das Schreiben eines Diktates notwendig ist. Folgende Beobachtung kann man immer wieder machen: Wächst ein Kind in einer Gegend auf, in der dialektbedingt z. B. Endungen sehr verwaschen und undeutlich gesprochen werden (z. B. im Badischen „renne" anstatt „rennen" usw.) übernimmt es dies nicht nur in seine mündliche Sprache, sondern auch in seine Schriftsprache. Auch wenn im Diktat „rennen" diktiert wird, schreiben diese Kinder nach ihrem eingegebenen Muster „renne", da sie das letzte „n" nicht wahrnehmen, außer man diktiert mit überdeutlicher Betonung. Besonders betroffen sind von diesem Phänomen Kinder, die gleichzeitig noch eine optische Behaltensschwäche zeigen (siehe Seite 47), also das Wortbild ebenfalls nicht speichern können.

Bei Kindern mit einer Sprachentwicklungsverzögerung ist es darum wichtig herauszufinden, inwieweit das Kind die sprachliche Information seiner Umgebung überhaupt korrekt wahrnimmt.

Ein weiteres Problem in diesem Bereich zeigt sich, wenn Kinder ganze Sätze (Haupt- und Nebensatz) zwar vom Satzinhalt her korrekt wiedergeben können, aber die Satzfüllsel (die unwichtigen Wörter, die auch in der allgemeinen Alltagssprache weniger deutlich betont werden) auslassen. Dies ist ebenfalls ein Phänomen, welches so gut wie alle Kinder betrifft, aber bei sprachauffälligen Kindern besonders lange bestehen bleibt. Somit sind eine fehlerhafte Aussprache und ein Dysgrammatismus dieser Art nicht die Folge einer gestörten Mundfunktion (zumindest in diesen erwähnten Beispielen), sondern die Folge einer gestörten akustischen Wahrnehmung, was ganze Wörter oder einzelne Silben oder auch einzelne Buchstaben betreffen kann.

Die akustische Gliederungsschwäche

Eine Störung in der akustischen Silben-Diskrimination führt zu einer akustischen Gliederungs-schwäche.

Wörter aus einem Satz heraus zu hören sowie Buchstaben aus einem Wort heraus zu hören, erfordert, dass diese akustischen Eindrücke sinnvoll gegliedert werden können. Konsonantenverbindungen können üblicherweise sehr viel schlechter gehört und aufgegliedert werden, so dass hier besonders leicht Fehler unterlaufen. Dies gilt sowohl im Hinblick auf die rein akustische Wahrnehmung als auch hinsichtlich der Ersatzstrategie, die viele Kinder einsetzen, indem sie versuchen, die Lautverbindungen vom Mund abzulesen.

Testverfahren

Wichtig ist es, durch gezielte Tests herauszufinden, in welchen Bereichen das Kind Schwierigkeiten hat.

Um die Beeinträchtigung in der Silben-Diskrimination bzw. phonematischen Diskrimination zu objektivieren, können folgende Tests herangezogen werden:

Akustischer Trennschärfetest

Hierbei spricht man dem Kind sinnfreie Zweisilber mit dem Buchstaben „e" als Anfangsbuchstaben und dem Buchstaben „i" als Endbuchstaben und unterschiedlichen Konsonanten in der Mitte vor, also „efi", „egi", „edi" usw. Wichtig ist, dass der Sprecher die Hand vor den Mund hält, damit das Kind möglichst nicht von den Lippen bzw. vom Mund ablesen kann. Ein zusätzliches Störgeräusch erhöht die Anforderung an die akustische Wahrnehmung. Bezeichnend ist, dass die Kinder sehr oft genau die Buchstaben nicht korrekt heraushören und wiedergeben können, die sie auch in Diktaten verwechseln.

Für diesen Test werden sinnfreie Silben herangezogen, damit das Kind nicht aus dem Gesamtklang des Wortes auf das Wort selbst und somit auf die einzelnen Buchstaben schließen kann. Wenn man berücksichtigt, dass Menschen mit z. B. einer Altersschwerhörigkeit zum Teil nur noch 60 bis 80 Prozent der tatsächlichen Sprache korrekt und vollständig wahrnehmen und sich den Rest aufgrund ihrer Erfahrung „denken können" (wobei dieser Vorgang häufig unbewusst abläuft), kann man sich vorstellen, wie oft Kinder mit einer phonematischen Diskriminationsschwäche raten bzw. nachdenken müssen.

Objektiviert werden kann dieser akustische Trennschärfetest mit Hilfe einer CD der Firma MediTECH („Einsicht in das Warnke-Verfahren"): Über diese CD kann genau (auch nach rechts und links aufgeschlüsselt) und jeweils unter denselben Bedingungen (Verhältnis von Sprechlautstärke zu Lautstärke des Störgeräusches) die „Trefferquote" ermittelt werden. Aufgrund dieser objektiv ermittelten Daten kann von Termin zu Termin sicher die jeweilige Verbesserung angegeben werden.

Phonetische Merkfähigkeit

Die phonetische Merkfähigkeit baut auf der phonematischen Diskrimination auf, bezieht allerdings noch das Kurzzeitgedächtnis mit ein. Aus demselben Grund wie gerade beschrieben werden auch für diesen Test sinnfreie Mehrsilber und nicht mehrsilbige Wörter eingesetzt: Man spricht (wieder hinter vorgehaltener Hand) dem Kind Silbenketten vor. Schulkinder und auch Vorschulkinder sollten Sechssilber wiederholen können.

Akustische Aufmerksamkeit bzw. Cocktail-Party-Effekt

Eine Grundvoraussetzung für diese akustischen Leistungen ist allem voran die Fähigkeit zur akustischen Aufmerksamkeit. Gerade Kinder mit einem Aufmerksamkeits-Defizit-Syndrom können sich nur sehr kurz auf bestimmte akustische Reize konzentrieren. Mehrere aufeinander folgende Aufforderungen überfordern sie bereits. Gleiches gilt für eine längere Geschichte oder auch ein Diktat über mehrere Zeilen. Die Ursachen dieser Probleme sind zwar ähnlich, aber nicht immer identisch:

Die eine Möglichkeit besteht darin, dass das Kind selbst innerlich von einem Gedanken zum nächsten „springt" und somit den Faden einer längeren akustischen Aussage schnell verliert. Diese innere Unruhe kann auch dazu führen, dass Aussagen, die in normalem Tonfall (Lautstärke und Frequenz) gesprochen werden, gar nicht an das Bewusstsein des Kindes heranreichen; es ist, als ob eine Wand zwischen Sprecher und Kind stünde. Erst bei Anheben der Stimme (Lautstärke und Frequenz) erreicht man das Kind. Diese Situation hat nichts mit einer peripheren Schwerhörigkeit zu tun, wobei diese natürlich zunächst ausgeschlossen werden sollte.

Kinder mit ADS sind häufig mit Worten gar nicht zu „erreichen" – sie reagieren erst bei einem Anheben der Stimme.

Die zweite Möglichkeit beschreibt den so genannten Cocktail-Party-Effekt: Aus einem Stimmengewirr die sprachliche Aussage, die einen interessiert (oder zumindest interessieren sollte) herauszufiltern, ist diesen Kindern nicht möglich. Bekannt ist dieses Phänomen bei älteren Menschen mit einer gewissen Altersschwerhörigkeit. Bei Kindern wird es noch viel zu wenig berücksichtigt. Übertragen auf die schulische Situation heißt dies: Die sprachliche Aussage des Lehrers stellt den so genannten Nutzschall dar. Die Umgebungsgeräusche (Straßenlärm, Wind, aber besonders auch unruhige Klassenkameraden) sind für den Störschall verantwortlich.

Daraus lässt sich folgern: Kein Wunder, wenn diese Kinder in der Lage sind, zu Hause Diktate fast fehlerfrei zu schreiben, in der Schule jedoch nach wie vor viele Fehler machen! Denn die Mutter sorgt bei diesen Diktat-Übungen dafür, dass die Umgebung entsprechend Rücksicht nimmt und leise ist.

Wenn man während der Schulunterrichtsstunden durch eine Grundschule geht, wundert man sich oft sehr über den hohen „Lärmpegel", der aus den einzelnen Klassenzimmern dringt. Einem Menschen ohne Wahrnehmungsstörungen fällt es trotzdem nicht allzu schwer, sich in dieser unruhigen Umgebung zu konzentrieren. Aber Kinder mit Wahrnehmungsstörungen, auch wenn sie kein im Vordergrund stehendes und ausgeprägtes Aufmerksamkeits-Defizit-Syn-

56

drom zeigen, sind in einer solchen geräuschvollen Kulisse verloren. Diese Beispiele verdeutlichen, wie fließend die Grenzen zwischen der Etikettierung Aufmerksamkeits-Defizit-Störung und z. B. Lese-Rechtschreib-Schwäche sind.

Rhythmische und akustisch motorische Probleme

Da bei vielen Kindern mit einem ADS/ADHS oder einer Lese-Recht-schreib-Schwäche das Hauptproblem in der fein abgestuften aku-stischen Wahrnehmung liegt, kann man auch häufig beobachten, dass ihnen rhythmische Bewegungen schwer fallen: Sie haben z. B. Schwierigkeiten, einen bestimmten Rhythmus oder auch einen schneller und wieder langsam werdenden Takt nachzuklopfen.

Kinder mit ADS/ADHS haben häufig Schwierigkeiten mit rhythmischen Bewegungen.

Diese beiden Testfunktionen sind wiederum in verschiedenen Varianten auszutesten: zum einen über den Brain-Boy-Universal (mit der Funktion „Sync-Boy") objektiv, zum anderen auch, indem man dem Kind einen Rhythmus vorklatscht (anfangs am besten Foxtrott oder Cha-Cha-Cha) und das Kind auffordert, diesen Rhythmus nach-zuklatschen. Dabei darf es die Hände der Testperson nicht sehen.

Eine weitere Möglichkeit besteht darin, ein Metronom einzustel-len. Das Kind soll diesen Takt nachklatschen (ebenfalls ohne das Metronom sehen zu können). Bei zunehmender Geschwindigkeit zeigt sich, inwieweit das Kind bei der vorgegebenen Tempoverände-rung mithalten kann.

Gerade Kinder, die Probleme mit der Handgeschicklichkeit haben (siehe Seite 34 ff.), zeigen hier ebenfalls deutliche Schwierigkeiten, so dass dieser Test nicht nur feine Detailfunktionen des Gehörs, son-dern auch die Hand-Gehör-Koordination austestet.

Kinder mit Problemen in diesem Bereich fallen bei genauer Beo-bachtung meistens auch schon im Alltag, z. B. im Sportunterricht bei tänzerischen Bewegungen, auf. Bei Kindern, die im Kindergarten- und Vorschulalter musikalische Früherziehung, Kinderturnen oder auch Ballettunterricht genießen dürfen, sind diese Störungen wesentlich seltener bzw. geringer ausgeprägt. Schon in diesem jungen Alter kann man sehen, dass zwar die allermeisten Kinder Freude an der Bewe-gung, gerade auch an Bewegung auf Musik, haben, aber die Bewe-gungsmuster äußerst unterschiedlich entwickelt sind. Zu beachten ist allerdings, dass diesbezügliche Probleme bereits durch eine isolierte akustische Gliederungsschwäche hervorgerufen werden können, da zunächst der Rhythmus und die Musik exakt wahrgenommen werden müssen, bevor sie in Bewegung umgesetzt werden können.

Richtungshören

Bereits im ersten Lebensjahr sollte ein Baby ein gewisses Richtungshören entwickeln: Es dreht suchend den Kopf in Richtung einer Geräuschquelle, auch wenn es diese nicht sehen kann. Im Lauf der Entwicklung wird diese Grundfertigkeit immer differenzierter. Denn das rechte und das linke Ohr können Schall so detailliert verarbeiten, dass nicht nur das Ergebnis „rechts" oder „links" erreicht wird, sondern auch erkannt wird, inwieweit die Schallquelle sich seitlich hinten oder seitlich vorne befindet. Angegeben wird dies bei einer objektiven Messung (mit der Funktion „Rihö-Boy" als Einzeltest auf dem Brain-Boy-Universal) über Winkelgrade. Misst man diese Fertigkeit „von Hand", beschreibt man das Ergebnis: Das Kind sitzt auf einem Drehstuhl, hält die Augen geschlossen und dreht sich. An der Stoppstelle angekommen, spricht der Tester ein Wort. Das Kind soll nun (weiterhin mit geschlossenen Augen) auf den Tester zeigen und anschließend die Augen zur Bestätigung öffnen.

Es ist auch möglich, sich mit gegrätschten Beinen vor ein Kind zu stellen und jetzt mal das eine Bein und dann das andere in unterschiedlicher Intensität zu beugen, so dass hierdurch, ohne Geräusche zu verursachen, die Position des Testers verändert werden kann.

Akustische Ordnungsschwelle (Rechts-Links-Differenzierung)

Bei Kindern mit ADS/ADHS ist die akustische Ordnungsschwelle so gut wie immer erhöht.

Die Definition der akustischen Ordnungsschwelle entspricht der der optischen: Die Ordnungsschwelle ist diejenige Zeitspanne, die zwischen zwei Sinnesreizen mindestens verstreichen muss, damit wir diese getrennt wahrnehmen und in eine zeitliche Reihenfolge, also in eine Ordnung, bringen können (siehe Seite 44).

Da die akustische Wahrnehmung mit ihren einzelnen Detailfunktionen und besonders die Ordnungsschwelle bei Kindern mit ADS/ADHS oder einer Lese-Rechtschreib-Schwäche zu einem wesentlich höheren Prozentsatz beeinträchtigt ist als die optische, soll an dieser Stelle ausführlicher auf die Austestung der Ordnungsschwelle eingegangen werden. Grundsätzlich treffen diese Aussagen allerdings auch für die optische Ordnungsschwelle zu.

Die deutliche Erhöhung der akustischen Ordnungsschwelle ist bei Kindern mit minimalen Teilleistungsstörungen von zentraler Bedeutung. Sie läuft so gut wie immer parallel mit einer Beeinträchtigung der Kreuzmuster-Bewegungen (siehe Seite 30). Jedoch findet sich nicht nur diese Parallelität, sondern überdurchschnittlich häufig ein grundsätzliches Zusammentreffen von den in diesem Buch erwähnten minimalen Teilleistungsstörungen sowie ADS/ADHS mit einer erhöhten Ordnungsschwelle.

Auch der Verlauf ist meist ähnlich; zuerst verbessern sich durch das vorgegebene Übungsprogramm die Kreuzmuster-Bewegungen, anschließend die Ordnungsschwelle und danach die schulischen Leistungen. Weitere Details bezüglich der akustischen (und optischen) Ordnungsschwelle, was z. B. die Normwerte und auch spezielle Trainingsmöglichkeiten anbelangt, finden sich auf Seite 94 f., 100 f.

Die akustische Behaltensschwäche

Nicht nur im optischen Bereich, sondern auch im akustischen Bereich gibt es „Erinnerungsbilder" von Worten. Dies bedeutet, dass Kinder, die ein Wort nicht eindeutig verstehen, darum bemüht sind, sich daran zu erinnern, welchem bekannten Wort dieses Wort ähnelt. Der Kontext hilft ihnen zwar weiter, kann aber auch in die Irre führen. Kinder mit einem guten und sicheren Sprachwortschatz haben es diesbezüglich sehr viel leichter als Kinder, deren Sprachwortschatz nicht altersgemäß ist.

Es ist davon auszugehen, dass die akustische Behaltensschwäche und die Gliederungsschwäche verstärkt werden können, wenn Diktate nicht in der Muttersprache des Kindes geschrieben werden. Dies gilt somit für alle Kinder, die in unser deutsches Schulsystem eingegliedert werden, die ersten Jahre jedoch im Ausland mit einer anderen Sprache groß geworden sind. Es bedeutet, dass die Prägung für die deutsche Sprache (und deren Klangmuster) wesentlich später begonnen hat und somit zum Teil auch winzige Defizite in einzelnen Wahrnehmungsbereichen zu größeren Schwierigkeiten führen müssen. Auch wenn bei diesen Kindern die Zeit und der kontinuierliche Umgang mit der deutschen Sprache sehr viel weiter hilft, ist es doch sinnvoll, sie schneller und zügiger in ihrer Entwicklung zu unterstützen, indem man die Wahrnehmungsseite trainiert.

Die Verknüpfung zwischen akustischer und optischer Wahrnehmung

Eine wichtige Fähigkeit ist die Umsetzung von akustischen Signalen vor dem „inneren Auge" in Bilder.

Leider kann ich in diesem Buch einen bestimmten Versuch nicht mit Ihnen durchführen, den ich zur Veranschaulichung gerne bei meinen Vorträgen einsetze. Aber vielleicht versuchen Sie es mit verschiedenen Personen aus Ihrer Umgebung: Teilen Sie der Person jeweils mit, dass Sie ihr mehrere Buchstaben nacheinander diktieren werden und bitten Sie sie darum, dass sie Ihnen diese Buchstaben in der korrekten Reihenfolge wiederholt. Jetzt diktieren Sie folgende Buchstaben (Abwandlungen sind selbstverständlich möglich): „A-P-F-E-L-K-U-C-H-E-N." Sie werden schnell feststellen, wie unterschiedlich die einzelnen Personen reagieren: Die einen schlagen sich tapfer und bemühen sich darum, Ihnen auch wirklich die Buchstaben in der richtigen Reihenfolge zu nennen. Die anderen unterdrücken meistens ein Lachen und sagen spontan „Apfelkuchen". Der Unterschied zwischen diesen beiden Personengruppen liegt darin, dass die erste Gruppe versucht, die Aufgabe rein nach Gehör zu erledigen. Die zweite Gruppe stellt sich jedoch sofort die Buchstaben optisch vor und kann darüber das erreichte Bild, welches sie vor Augen hat, lesen und als komplettes Wort erkennen. Dieser zweiten Gruppe gelingt es, Gehörtes „vor dem inneren Auge erscheinen zu lassen".

Diese Assoziation zwischen Geräusch und Gegenstand, gesprochenem Wort und Gegenstand oder auch gesprochenem Wort und Schriftbild sowie jeweils umgekehrt ist eine wichtige Fähigkeit des menschlichen Gehirns. Kinder, die hiermit Schwierigkeiten haben, schreiben die einzelnen Wörter beim Diktat jeweils, ohne das entsprechende Bild vor dem „inneren Auge" zu haben. Sie schreiben die Wörter sozusagen ohne vorherige Planung und lassen sich dann von dem Ergebnis überraschen, wobei sie mit der Kontrolle die bereits mehrfach erwähnten Schwierigkeiten haben.

Insbesondere Kinder mit ADS/ADHS haben häufig sehr große Mühe, den Wechsel von optischer Wahrnehmung (Lesen des Schriftbildes) über akustische Wahrnehmung (Erfassen des Wortes durch den gelesenen Klang) zur inneren optischen Wahrnehmung (Vorstellung des gelesenen Gegenstandes als Bild) zu durchlaufen.

Der Mensch arbeitet jedoch nicht nur beim Lesen und Schreiben mit solchen „inneren Vorstellungen": Auch während Sie einer Musik lauschen, während Sie einen weichen Stoff befühlen, diese Zeilen lesen oder einen Sonnenuntergang betrachten, haben Sie bestimmte Wahrnehmungen als Bilder verschiedener Sinnesmodalitäten, die aus diesem Grund *Wahrnehmungsbilder* genannt werden. Denken Sie ein paar Tage später an die Situation zurück, leben diese Bilder auf als so genannte *Erinnerungsbilder*.

Gerade Erinnerungsbilder können jedoch ungemein trügen, da sie sehr stark von der jeweiligen Gefühlssituation beeinflusst werden. So ist es sogar möglich, dass man sich „gestochen scharf" an Geschehnisse erinnern kann, die entweder gar nicht oder vollkommen anders stattgefunden haben. (Dieses Phänomen des *biographischen Gedächtnisses* beschreibt John Kotre sehr anschaulich in seinem Buch „Weiße Handschuhe – wie das Gedächtnis Lebensgeschichten schreibt.") Planen Sie Bekanntes oder denken Sie an zukünftige Aktivitäten, können Sie diese Ereignisse ebenfalls als *Vorstellungsbilder* abrufen.

Dieses Bewusstmachen von Sinnesmodalitäten fällt ADS-/ADHS-Kindern häufig schwer (allerdings auch erwachsenen Menschen mit ADS/ADHS); besonders schwierig ist für sie jedoch das Springen von einer Sinnesmodalität zur anderen. Beim Lesen dieses Textes nehmen Sie nicht nur optisch die einzelnen Buchstaben und Wörter wahr, sondern „hören innerlich den Klang der gelesenen Wörter". Daran anschließend (oder sogar fast zeitgleich) entsteht vor Ihrem „inneren Auge" ein Bild, zumindest bei gegenständlichen Wörtern. Dieser Wechsel von Optik zu Akustik und zurück zu Optik fällt Menschen mit ADS/ADHS besonders schwer. Darum ziehen sie auch sehr häufig den Fernseher einem Buch vor, da beim Fernsehen dieses Springen von einer Sinnesmodalität zur nächsten wegfällt. In seinem Buch „Die andere Art, die Welt zu sehen" beschreibt Thom

Hartmann sehr anschaulich, wie sich allein dadurch, dass Kinder mit einem ADS/ADHS ein halbes Jahr auf das Fernsehen verzichtet haben, deren Symptomatik verbesserte.

Eine weitere Form der Verknüpfung zwischen akustischer und optischer Wahrnehmung stellt in der deutschen Sprache das Schreiben von mehrstelligen Zahlen dar, wie bereits auf Seite 45 dargelegt wurde.

Auffallend ist immer wieder, dass Kinder mit einer Kombination von akustischer und optischer Behaltenschwäche große Probleme beim Kopfrechnen haben, während sie schriftliches Rechnen zufrieden stellend erledigen können, sofern die Reihenfolge der geschriebenen Ziffern stimmt.

Bringt man die einzelnen Detailfunktionen aus dem Bereich der akustischen und optischen Wahrnehmung in Bezug zum Erlernen des Lesens und Schreibens, ergeben sich jeweils zehn aufeinander aufbauende Lernschritte. Diese zehn Schritte und die für jede Störungsebene zu empfehlenden spielerischen didaktischen Übungen sind sehr anschaulich in dem Buch „Praxisbuch Legasthenie" aus dem Schubi-Verlag beschrieben.

Die Dyskalkulie

Auch eine Dyskalkulie ist auf Störungen in den optischen und akustischen Detailfunktionen zurückzuführen.

Wie bereits dargelegt (siehe Seite 13, 44 f.), gehört auch eine Dyskalkulie in diesen Formenkreis der minimalen Teilleistungsstörungen, da sie ebenfalls auf Wahrnehmungsstörungen in den optischen und akustischen Detailfunktionen zurückzuführen ist. Auf folgende zusätzliche Details soll an dieser Stelle näher eingegangen werden:

Bei der *„richtigen Dyskalkulie"* lässt sich die Problematik in ähnlicher Weise systematisch in Bezug auf die einzelnen Detailfunktionen und deren Störungen aufbauen wie bei der Lese-Rechtschreib-Schwäche. Prinzipiell möchte ich jedoch anmerken, dass ich in meiner Praxis immer wieder Kinder mit einer so genannten *„scheinbaren Dyskalkulie"* erlebe, wobei diese Bezeichnung nicht Standard ist, sondern von mir so gewählt wurde. Denn diese Kinder können z. B. isolierte Rechenoperationen entsprechend ihrer Altersstufe regelrecht durchführen. Ihre schlechten Noten in Mathematik rühren jedoch von der deutlichen Schwierigkeit her, Textaufgaben zu verstehen. Somit hat dies nichts mit einer eigentlichen Dyskalkulie zu tun, sondern mit der bestehenden Lese-Rechtschreib-Schwäche.

Eine weitere Form der *„scheinbaren Dyskalkulie"* findet sich immer dann, wenn aufgrund neuerer pädagogischer Überlegungen kein großer Wert mehr auf das Auswendiglernen von einfachen Rechenoperationen, z. B. auf das Auswendiglernen des „Kleinen 1 x 1" gelegt wird. Diese Kinder bewegen sich nur äußerst mühsam durch entsprechende Rechenoperationen. Dies jedoch nicht, da sie rechenschwach sind, sondern weil ihnen die konsequente und häufige Übung fehlt.

Es gibt auch immer wieder die Situation, dass Kinder, die ursprünglich gute Rechner waren, plötzlich Schwierigkeiten haben, wenn vom Rechnen auf großen Karos zum Rechnen auf kleinen Karos umgestiegen wird. Bei diesen Kindern ist ebenfalls nicht von einer regelrechten Rechenschwäche auszugehen, sondern von anderen Ursachen, ebenfalls im Bereich der optischen Detailfunktionen (Rechts-Links-Differenzierungsschwäche, erhöhte Ordnungsschwelle, Schwierigkeiten in der Figur-Grundwahrnehmung). So kann es z. B. vorkommen, dass die Kinder nun ihre Zahlenkolonnen nicht Einer unter Einer, Zehner unter Zehner schreiben, sondern jede Zahl versetzt zu der oben darüber stehenden etwas schräg nach links oder rechts, so dass letztendlich allein hierdurch Fehler bei der Addition auftreten können. Dieselben Kinder, die mit kleinen Karos hierbei große Probleme haben, können dann auf großen Karos einwandfrei rechnen. Manchmal ist diese Schwierigkeit auf eine optische Wahrnehmungsstörung zurückzuführen. Manchmal auch auf eine Beeinträchtigung in der Handgeschicklichkeit oder in der Hand-Augen-Koordination, so dass es aus diesem Grund für das Kind einfach sehr schwer ist, mit dem Stift die kleinen Karos richtig zu treffen. Regelrecht vorprogrammiert sind bei diesen Kindern schlechtere Noten, wenn in dieser Phase die Klassenarbeiten nicht nur auf Rechenpapier mit kleinen Karos, sondern auf kopiertem Rechenpapier mit kleinen Karos bei schlechter Qualität der Kopien geschrieben werden. Jetzt fehlen darüber hinaus noch häufig die einzelnen Karos.

Sind Kinder von diesem Problem betroffen, die im Mündlichen einwandfrei rechnen können, entsteht sicherlich kein falscher Eindruck, sondern das Problem ist offensichtlich. Sind jedoch Kinder betroffen, die aufgrund der hier beschriebenen Wahrnehmungsstörungen auch im mündlichen Rechnen ihre Probleme haben, wird die Situation weiter unnötigerweise verschärft.

In diesem Zusammenhang soll auf das „Praxisbuch Dyskalkulie" (Schubi-Verlag) verwiesen werden, in dem jeweils zu den einzelnen Entwicklungsschritten spielerische Übungen sehr genau und anschaulich erklärt werden.

Wie auf den letzten Seiten dargelegt wurde, führt die Beeinträchtigung in den unterschiedlichsten Detailfunktionen aus dem Bereich optischer und akustischer Wahrnehmung zu einer Lese-Rechtschreib-Schwäche oder Dyskalkulie. Darüber hinaus kann je nach Verteilungsmuster der Störungen in den einzelnen Wahrnehmungsbereichen ein Aufmerksamkeits-Defizit-Syndrom hinzukommen, als ADS oder auch als ADHS.

Welche Übungen entsprechend der jeweiligen Kombination an Wahrnehmungsstörungen gezielt und erfolgversprechend einzusetzen sind, wird in Kapitel 4 „Die Psychomotorische Ganzheitstherapie bei ADS/ADHS" beschrieben. Zunächst soll auf weitere Funktionen eingegangen werden, die bei Kindern mit minimalen Teilleistungsstörungen sowie bei ADS/ADHS beeinträchtigt sein können.

Sprache und Mundmotorik

Erst wenn ein Kind richtig hören und Gesprochenes verarbeiten kann, wird es auch richtig sprechen können.

Die aktive Sprache wird unterteilt in die sprachliche Ausdrucksfähigkeit und die Aussprache, wobei auch der Tonfall bzw. die Sprachmelodie zu berücksichtigen sind. Gerade die sprachliche Ausdrucksfähigkeit ist zu einem großen Teil durch den Charakter bestimmt, aber auch eine Folge der Ansprache bzw. der familiären Umgebung des Kindes. Man muss z. B. auch in einer familiären Umgebung, in der viel und wohl formuliert gesprochen wird, akzeptieren, dass ein Kind wortkarg sein kann. Diese Wortkargheit darf nicht in jedem Fall als pathologisch gewertet werden.

Um fehlerfrei sprechen zu können (z. B. um eine Frage beantworten zu können), müssen folgende komplexe Reaktionen vom Gehirn korrekt gesteuert werden, wobei die Signale nicht nur im so genannten Sprachzentrum, sondern z. B. auch in der Sehrinde und weiteren zentralen Bahnen ablaufen: Die Frage wird aufgenommen, ihr Sinn entschlüsselt. Ein Urteil über deren Sinn wird gefällt. Die passende Antwort wird vom Gehirn herausgesucht, diese in die richtige Form gebracht; danach erst werden die Lippen in Bewegung gesetzt. Jetzt muss wiederum kontrolliert werden, ob die Antwort hinsichtlich Grammatik und Aussprache mit den üblicherweise gehörten Sprachtexten anderer Personen übereinstimmt. Dieser meist unbewusst ablaufende Kontrollmechanismus ist entscheidend.

> Sprachverständnis mit akustischer Wahrnehmung kommt vor aktiver Sprache.

Es gilt zu beurteilen, inwieweit ein Kind sich durch Haupt- und Nebensätze korrekt ausdrücken kann, inwieweit es zu sprachlichen Ausschmückungen in der Lage ist und inwieweit die grammatikalischen Konstruktionen stimmen. Gerade die sprachliche Ausdrucksfähigkeit ist unbedingt altersentsprechend zu werten. Auch wenn manche Kinder mit einer Lese- Rechtschreibschwäche in der sprachlichen Ausdrucksfähigkeit Probleme haben, gibt es Kinder, die zwar (lese-) rechtschreibschwach sind, jedoch trotzdem eine ausgesprochen gute Sprachgewandtheit zeigen, so z. B. bereits im Alter von zwei Jahren fließend und ohne grammatikalische Fehler gesprochen haben. Dabei beobachte ich, dass diese sprachgewandten Kinder in der Schule lediglich eine Rechtschreibschwäche zeigen und keine Probleme mit dem Lesen haben. Dies lässt sich dadurch erklären, dass leseschwache Kinder natürlich sehr wenig lesen und somit wenig mit einem wohl formulierten schriftlichen Sprachstil in Kontakt kommen. Zusätzlich fällt einem sprachbegabtem Kind das Lesen leichter, da es den zu lesenden Text mit einem größeren inneren lexikalischen Wortschatz vergleichen und somit besser verstehen kann.

Bei jedem Kind mit einer Lese-Rechtschreib-Schwäche ist also danach zu fragen, inwieweit die sprachliche Entwicklung unauffällig verlaufen ist oder nicht.

Wichtig ist die Überprüfung der altersgemäßen sprachlichen Ausdrucksfähigkeit.

Die sprachliche Entwicklung

Erst wenn Kinder ihre fehlerhafte Aussprache selbst wahrnehmen, macht es Sinn, mit speziellen logopädischen Mundfunktionsübungen einzugreifen.

Zunächst lautieren Kinder in Doppelsilben, aus Freude am Lautieren und aus Spaß daran, sich selbst zu hören. Danach bezeichnen sie bestimmte Gegenstände mit Lauten, wobei dies als erstes zielgerichtetes Wort gewertet wird, wenn immer derselbe Gegenstand und nur dieser mit derselben Lautkombination bezeichnet wird. Diese Lautkombination muss noch in keiner Weise mit dem tatsächlichen Wort übereinstimmen, so z. B. „logog" für Flugzeug. In dieser ersten Wortfindungsphase registrieren es die Kinder noch nicht, wenn andere Personen ebenfalls diese fehlerhafte Aussprache anwenden.

Die nächste Phase ist erreicht, wenn ein Kind eine solche fehlerhafte Aussprache bei anderen Personen registriert, bei sich selbst allerdings immer noch nicht. Auch in dieser Phase ist es dem Kind noch nicht möglich, Korrekturen seiner Aussprache anzubringen, da es überhaupt nicht weiß, was es korrigieren soll. Testen kann man dies am einfachsten mit ähnlich klingenden Wörtern, die häufig in diesem Stadium verwechselt werden: Nagel/Nadel, Kissen/Kisten, Kasse/Tasse. Erst wenn ein Kind eine fehlerhafte Aussprache bei sich selbst registriert, kann es diese korrigieren. Jetzt können logopädische Ausspracheübungen sinnvoll sein.

Nur wenn die Mundmotorik und die Mundsensorik beeinträchtigt sind (z. B. in einer Hypotonie oder auch Über- bzw. Unterempfindlichkeit), sollten in einem früheren Stadium schon gezielte Mundfunktionsübungen eingesetzt werden.

Wenn Kinder ihre fehlerhafte Aussprache als solche erkennen können und die Mundfunktion nicht massiv gestört ist, können sie häufig die fehlerhafte Aussprache allein über die Eigenwahrnehmung im Lauf der Zeit selbst korrigieren. Übrig bleiben zum Teil leichtere Störungen, wie z. B. ein Lispeln. Allerdings sollten möglichst bis zum Schuleintritt auch solche leichteren Störungen ausgeglichen worden sein, wobei dies am besten durch eine zusätzliche logopädische Therapie geschehen sollte. Denn eine Logopädin kann gezielt beurteilen, welche Muskelfehlfunktionen zu welchen Aussprachefehlern führen und welche Übungen demzufolge einzusetzen sind.

Gerade im Bereich der Sprachentwicklung kann eine enorme Bandbreite der Entwicklung beobachtet werden: Es gibt Kinder, die mit zwanzig Monaten perfekt sprechen und andere, die mit drei-einhalb Jahren nur wenige Einzelwörter sprechen. Letzteres ist auf-fällig und kann kaum noch mit der Bezeichnung „Spätentwickler" umschrieben werden. Allerdings gibt es auch hier Ausnahmen. So konnte der kleine Max mit dreieinhalb Jahren nur wenige Einzelworte sprechen, war ansonsten aber vollkommen unauffällig. Trotz aller Einwände aus dem Verwandten- und Bekanntenkreis gingen die Eltern mit der gesamten Familie zu diesem Zeitpunkt in den Ent-wicklungsdienst nach Kenia. Nach einem weiteren Vierteljahr konn-te dieser kleine Junge nicht nur deutsch, sondern auch fließend eng-lisch und kisuaheli sprechen. Bei einer solchen Entwicklung ist der verharmlosende Begriff „Spätentwickler" wirklich einmal ange-bracht, wobei ich ihn ansonsten in den allermeisten Fällen eher ablehne.

Im Spracherwerb zeigen Kinder ein sehr unterschiedliches Entwicklungstempo.

Um zu entscheiden, ob Grund zur Beunruhigung besteht, ist es unbedingt wichtig, nicht nur auf die verzögerte Sprache, welche natürlich am deutlichsten hervorsticht, zu achten, sondern die ande-ren Entwicklungsbereiche ebenfalls in die Beurteilung mit einzube-ziehen. Zeigt ein Kind ausschließlich im Bereich der aktiven Spra-che eine verzögerte Entwicklung, ist es am sinnvollsten, in Ruhe abzuwarten. Allerdings bedeutet dies, dass die Kreuzmuster-Reihe, die weitere Körpergeschicklichkeit, auch in Bezug auf die Hand-funktion, sowie die einzelnen Wahrnehmungsbereiche und die intel-lektuelle Entwicklung vollkommen altersentsprechend sein müssen.

Zeigt ein Kind jedoch nicht nur eine verzögerte Sprachentwick-lung, sondern in anderen Bereichen ebenfalls Auffälligkeiten, und sei es auch nur im Bereich der Kreuzmuster-Anbahnung, ist ein the-rapeutisches Eingreifen sinnvoll und wichtig, allerdings nicht nur im Sinne von logopädischen Übungen, sondern im Rahmen eines in diesem Buch beschriebenen ganzheitlichen Programms.

Schriftliche Ausdrucksfähigkeit

Bei Schulkindern von der dritten Klasse an ist es darüber hinaus wichtig zu erfragen, inwieweit die schriftliche Ausdrucksfähigkeit altersentsprechend entwickelt ist, von der mündlichen Sprache abweicht oder dieser entspricht. Denn gerade Kinder, die zu einer

Lese- Rechtschreib-Schwäche neigen, haben zum Teil bereits große Angst, sich schriftlich zu äußern. Sie wissen ganz genau, dass sie dies nicht tun können, ohne in einem Text viele Rechtschreibfehler zu machen. Aus diesem Grund fassen sie sich schriftlich äußerst kurz, was wiederum Auswirkungen auf die Benotung im Aufsatz hat.

Bei anderen Kindern wiederum entsteht sofort eine Art innere Blockade, sobald es um das Verfassen schriftlicher Texte geht – unabhängig von dem Problem der Rechtschreibung.

Beide Beeinträchtigungen im Bereich der schriftlichen Formulierung kommen auch bei Kindern vor, die sich mündlich sehr gut ausdrücken können; ausgeprägter sind sie natürlich bei Kindern, die auch im Bereich der aktiven mündlichen Sprache Probleme mit der Formulierung haben. Auch hier gilt es, genau die jeweilige Situation herauszuarbeiten.

Denken und Sprache sind weitgehend an die Intaktheit der beiden Großhirnhälften gebunden.

Die beiden Großhirnhemisphären verarbeiten unterschiedliche Informationen, jedoch ist deren Zusammenarbeit für Sprache, Verhalten und Denken unerlässlich. Äußerlich gesehen ist die linke Gehirnhälfte weitgehend identisch mit der rechten. Allerdings weiß man heute, dass manche Funktionen bevorzugt von einer Seite gesteuert werden.

Während sehr wohl in manchen Funktionen eine Seite führend sein kann, sind für die korrekte Ausführung dieser Funktionen beide Seiten unerlässlich. Dies erklärt die immer wieder betonte Zusammenarbeit beider Gehirnhälften. Aus diesem Grund spricht man heute weniger von der Dominanz, sondern vielmehr von der Hemisphärenspezialisierung. Ebenso wie jeder Mensch spezifische Begabungen aufweist, so scheinen auch die beiden Hemisphären bevorzugte Begabungen für bestimmte Denkstrategien zu besitzen.

Intelligenz und schulisches Leistungsprofil

Was ist Intelligenz? Diese Frage ist nur sehr schwer zu beantworten. Eine allgemein gültige Definition aus dem medizinischen Wörterbuch Pschyrembel lautet folgendermaßen: „Die Intelligenz ist eine zusammengesetzte Fähigkeit, nämlich die individuelle geistige Fähigkeit, richtig und weitgehend zu abstrahieren, kombinieren, transformieren und implizieren. Die Intelligenz ist wesentlich (ca. 80 Prozent) genetisch terminiert ... Intelligenzleistungsformen sind z. B. Einfallsreichtum und Produktivität, Konzentration und Tempomotivation, Verarbeitungskapazität, logisches Denken und Urteilsfähigkeit, zahlen- und sprachgebundenes Denken."

Was Intelligenz ist, lässt sich nicht kurz und knapp definieren, sondern nur annähernd beschreiben.

Eine ganz andere Definition findet sich bei W. Calvin. In seinem Buch „Wie das Gehirn denkt" gibt er auf diese Frage folgende bildliche Antwort, die hier etwas verkürzt, aber sinngemäß wiedergegeben wird: Rennt ein Affe durch den Wald, findet auf einer Waldlichtung eine üppige Bananenstaude mit vielen reifen Früchten, stößt sodann seinen Affenschrei aus, mit dem er seine Herde herbeirufen will, ist dies Instinkt. Rennt er weiter zur nächsten Lichtung, stößt dort diesen Schrei aus und rennt zurück zur ersten Lichtung, wo er in Ruhe und vollkommen ungestört alle Bananen allein essen kann, ist dies intelligentes Verhalten!

Unschwer kann man sich vorstellen, dass bereits beim Erfassen eines Problems große Unterschiede auftreten. Ob ein Schüler Schwierigkeiten hat, ein gestelltes Problem, z. B. eine Mathematikaufgabe, zu verstehen oder aber deren Text zu lesen und zu erfassen, sieht man der Art des Lösungsweges nicht unbedingt an. Ein falsches Ergebnis kann auf beide Arten von Schwierigkeiten zurückzuführen sein. Aus diesem Grund ist es häufig so schwierig, eindeutig festzulegen, ob ein Kind Verständnisprobleme oder „lediglich" Schwierigkeiten beim Erfassen des Textes hat. Um dies genau beurteilen zu können, hilft nur eine gründliche Vorgehensweise bezüglich der diagnostischen Maßnahmen, wie sie z. B. in diesem Buch vorgestellt werden.

Wen wundert es, dass bei dieser breit gefächerten Definition der neuroanatomische Sitz der Intelligenz noch nicht gefunden worden ist und vermutlich als einzelne Lokalisation auch gar nicht existiert! Sicher ist, dass viele unterschiedliche Fertigkeiten zusammenspielen müssen, um intelligentes Denken und Handeln zu erreichen. Somit leuchtet ein, dass eine dichte synaptische Vernetzung zwischen den unterschiedlichsten Gehirnregionen eine wichtige Voraussetzung für Intelligenz ist. Oder umgekehrt formuliert: Eine anlagebedingte Intelligenz kann bei vorhandenen Wahrnehmungsstörungen nicht sicher in die Praxis umgesetzt werden, da das Kind die Informationen aus den einzelnen Sinneskanälen nicht korrekt verarbeitet.

Intelligenztests geben keineswegs eine umfassende, hinreichende Beurteilung der Fähigkeiten.

Da es somit in der Wissenschaft noch keine allgemein verbindliche Übereinstimmung darüber gibt, aus welchen einzelnen Fähigkeiten sich Intelligenz zusammensetzt, gibt es auch ganz unterschiedliche Intelligenztests. Auf jeden Fall gehören in diesen Bereich *die Lernfähigkeit, das abstrakte Denken, die Fähigkeit, Probleme zu lösen sowie unterschiedliche Wahrnehmungs- und Gedächtnisbereiche.* Aus diesem Grund ist letztlich weniger der errechnete Zahlenwert (IQ) entscheidend, sondern es sollte vielmehr auf das Gesamtleistungsprofil geachtet werden, d. h. die einzelnen Unterbereiche eines Intelligenztestes getrennt voneinander beurteilt werden, denn hierdurch kann man verhältnismäßig gut einen Überblick über die Stärken und Schwächen in verschiedenen Leistungsbereichen erhalten.

Eine isolierte Anwendung solcher Intelligenztests ergibt nie ein ausreichendes Bild. Zur Beurteilung gehört immer auch die Befragung der Umgebung (Eltern, Kindergarten, Schule usw.). Die Beobachtung des Kindes in der allgemeinen Situation gibt ebenfalls hilfreiche Aufschlüsse. Auffällige Ergebnisse in diesen Tests müssen nicht unbedingt gleichbedeutend sein mit einer beeinträchtigten Leistung in diesem Bereich. Denn solche auffälligen Ergebnisse können auch erreicht werden, wenn ein Kind nicht genügend zur Mitarbeit motiviert werden konnte, wenn es nur lustlos mitgearbeitet hat oder auch wenn es kein Vertrauen zu dem Untersucher fassen konnte.

Eine wichtige diesbezügliche Beurteilung erhält man auch durch die Befragung der Lehrer. Deckt sich die Meinung des Klassenlehrers mit der der Eltern? Hat ein Kind z. B. eine Notenverteilung Mathematik „1", HuS (Heimat- und Sachkunde)"1" und Deutsch „4", kann man sehr gut auf einen Intelligenztest verzichten. Schwieriger ist es bei Kindern, die in Mathematik ebenfalls (durch das erforderliche Lesen von Textaufgaben oder bei einer zusätzlichen Dyskalkulie) beeinträchtigt sind. Hier zu „beweisen", dass keine Beeinträchtigung der Intelligenz, sondern minimale Teilleistungsstörungen bei altersentsprechender Intelligenz vorliegen, kann schwierig sein. Da hilft es auch keineswegs weiter, ein solches Kind sicherheitshalber in einen Schultyp mit geringeren Anforderungen einzuschulen, anstatt ihm gezielt über ein wie in Kapitel 4 beschriebenes Therapieprogramm weiterzuhelfen. Gerade Kinder mit ADS/ADHS zeigen ihre Schwierigkeiten häufig in mehreren schulischen Fächern, da ihre Aufmerksamkeitsspanne höchstens in ihrem Lieblingsfach nicht beeinträchtigt ist, was die Situation noch verschlimmert.

Betrachten wir zum Beispiel Thomas: Er ist in der zweiten Klasse und hat bereits jetzt so große Probleme, dass überlegt wird, ob er auf die Lernbehindertenschule überwechseln soll. Der Kommentar des Hausarztes vor dem ersten Vorstellungstermin in meiner Praxis: „Da können Sie das Geld gleich aus dem Fenster schmeißen!" So „ermutigt" kam Thomas zu mir. Von vornherein machte er mir klar, dass er diesen Unsinn mit den Übungen nicht mitmachen werde. Auf der einen Seite fiel mir seine Redegewandtheit und auf der anderen Seite die typischen Wahrnehmungsstörungen mit fehlender Kreuzmuster-Reihe auf. Ich ließ mich auf eine längere Diskussion ein. Mit der Argumentation, dass man erst weiß, ob man Spinat mag, nachdem man ihn probiert hat, überzeugte ich ihn schließlich, die Sache wenigstens einmal zu versuchen. Vier Wochen später schrieb er mir eine Postkarte: Er mache seine Übungen. Weitere drei Monate später erhielt ich zu Weihnachten einen Gruß: Er sei in der Schule schon besser geworden. Beim nächsten Vorstellungstermin zeigte er tatsächlich in etlichen Bereichen sehr erfreuliche Verbesserungen, die nicht nur die einzelnen Testergebnisse, sondern auch die schulischen Leistungen (sowohl Lesen und Schreiben als auch Mathematik mit gleichzeitiger Verbesserung der Konzentrationsfähigkeit) betrafen. Er ist auch jetzt noch nicht „begeistert von den Übungen". Aber er hat eingewilligt, zumindest einigermaßen konsequent dabei zu bleiben. Wenn er sich weiter auf diese Weise entwickelt, wird er die Regelschule wohl nicht vorzeitig verlassen müssen. In ihrem jüngsten Telefongespräch erzählte mir die Mutter, dass Thomas die schulischen Diktate bereits im Klassenverband mitschreibt und nicht mehr getrennt von den anderen schreiben muss, und trotzdem deutlich weniger Fehler macht als früher.

Ergänzend zur Gesamtbeurteilung können natürlich Tests in Bezug auf Einzelfertigkeiten herangezogen werden, z. B. zur Testung des Lesealters oder des Rechenalters. Über diese in kurzer Zeit durchzuführenden Tests können auch die Verbesserungen eindeutiger objektiviert werden.

Was für das Lernen wichtig ist

Lernen und Erfahrung führen zu verschiedenen strukturellen Veränderungen im Gehirn.

Früherfahrung und Interaktion (Zusammenspiel) mit der Umgebung steuern Wachstum und Vernetzung von Nervenzellen.

> Unter Lernen verstehen wir den Erwerb eines neuen Verhaltens, das bisher im Verhaltensrepertoire des Organismus nicht vorkam. Damit wird Lernen von Reifung unterschieden.

Die Voraussetzung für Lernvorgänge aller Art liegt nicht nur in der genetischen Steuerung *der Reifung synaptischer Verbindungen, sondern in der Neuausbildung synaptischer Verbindungen* durch frühe Umwelterfahrungen. Eine Synapse ist eine Umschaltstelle von einem Nerv zum anderen. Eine intensive Vernetzung der einzelnen Gehirnbereiche ist darum auf eine zahlreiche Neubildung von Synapsen angewiesen, was durch entsprechende Aktivitäten – geistiger, sensorischer oder motorischer Art – erreicht wird.

Die fehlende Stimulation führt (in der frühesten Kindheit besonders schnell) zum Verschwinden bestimmter Funktionen. So konnte man z. B. feststellen, dass bei Schielkindern, die wegen des Schielens ein Auge vernachlässigt hatten, dieses Auge im Lauf der ersten sieben Jahre erblindet ist.

Das Gedächtnis

Es gibt verschiedene Gedächtnisformen, die jeweils bestimmte Aufgaben übernehmen.

Es werden unterschiedliche Formen des Gedächtnisses beschrieben: *das Kurzzeitgedächtnis* (das rund zehn Sekunden anhaltende Erinnerungsvermögen), *das Arbeitsgedächtnis* (Gedächtnis von mittlerer zeitlicher Dauer, das sich somit über Minuten erstreckt) und *das Langzeitgedächtnis* (gespeicherte Erinnerungen, die aus dem Arbeitsgedächtnis übertragen worden sind), wobei hinter jeder dieser Gedächtnisformen eine andere biochemische Reaktionskette steht.

Man hält die Kapazität und Dauerhaftigkeit des Langzeitgedächtnisses für unbegrenzt. Das Kurzzeitgedächtnis ist am störungsanfälligsten. Gerade das Arbeitsgedächtnis ist bei Kindern mit ADS/ADHS am häufigsten beeinträchtigt. Ihnen fällt es besonders schwer, sich während einer Tätigkeit spezielle Details zu merken, und dabei gleichzeitig zur Erledigung dieser Tätigkeit auf ihr „inneres Lexikon" zurückzugreifen. Dies ist sicherlich auch ein Grund dafür, warum ADS-/ADHS-Kinder häufig Aufgaben nicht vollständig erledigen können.

Des Weiteren ist von entscheidender Bedeutung, wie das Gedächtnis individuell arbeitet. So haben z. B. viele Kinder mit einer Lese-Rechtschreib-Schwäche ein eingeschränktes Wortbildgedächtnis (siehe Seite 47). Ihnen fehlt das Wortbild vor dem „inneren Auge".

Zu berücksichtigen ist zusätzlich, über welche Sinneskanäle die zu speichernden Details empfangen werden. Sie können akustische Details, optische Details, aber auch z. B. taktil-kinästhetische Details wahrnehmen und entsprechend speichern. Gerade bei Kindern mit ADS/ADHS und minimalen Teilleistungsstörungen gibt es häufig große Unterschiede in Bezug auf die Speicherung akustischer und optischer Details. Auch kann es beachtliche Unterschiede zwischen dem Wortgedächtnis und dem Zahlengedächtnis geben. Der Test in Bezug auf das Zahlengedächtnis sei hiermit beschrieben (bezüglich des Wortgedächtnisses verweise ich auf den Luria 90 Test, der von dem Psychologen Dr. Donczik überarbeitet wurde): Man spricht dem Kind Ziffernreihen vor – zunächst zwei unterschiedliche Ziffern bis hin zu acht unterschiedlichen Ziffern – und fordert das Kind auf, die Ziffern jeweils im Anschluss an die gesprochene Reihe zu wiederholen. Wichtig ist, dass das Kind sich diese Ziffern nur anhört und nicht sofort nachspricht. Man notiert sich die Anzahl der korrekt wiedergegebenen Ziffern (Testablauf nach Dr. Stöckl-Drax).

Anschließend fordert man das Kind auf, entsprechende Ziffernreihen (aber nicht identische) zu lesen, wobei es sich diese Ziffern ebenfalls während des Lesens nicht selbst vorsprechen, aber nach dem Lesen mündlich wiedergeben soll. Auch dabei wird die erreichte Anzahl der Ziffern notiert. Der dritte Teil des Testes besteht darin, dass das Kind neue Ziffernreihen lesen *und* sich gleichzeitig vorsprechen soll (durch das Vorsprechen wird erreicht, dass das Kind

Mit Hilfe von Tests lässt sich feststellen, ob ein Kind Schwierigkeiten hat, akustische oder optische Informationen zu speichern.

Ein gutes Gedächtnis ist nicht gleichbedeutend mit Intelligenz, aber eine wichtige Voraussetzung.

diese Ziffern zusätzlich auch hört). Die erreichte Anzahl der Ziffern wird ebenfalls notiert. Nach diesen drei Testdurchläufen hat man Hinweise darauf, inwieweit dieses Kind in der Lage ist, sich allein über den optischen Kanal, allein über den akustischen Kanal und mit beiden Kanälen zusammen Ziffern merken zu können. Für entsprechende Altersstufen gibt es dabei jeweils Vorgaben. So sollte sich ein Kind bei der Einschulung z. B. ohne Probleme fünf Ziffern sowohl isoliert akustisch als auch isoliert optisch merken können. Ist es dazu nicht in der Lage, gibt dies einen Hinweis darauf, dass in diesen Wahrnehmungsbereichen Schwierigkeiten mit der exakten Wahrnehmung und anschließenden Speicherung bestehen und Probleme bezüglich der Merkfähigkeit zu erwarten sind. Dieser Test stellt eine Art Weiterführung des Silbentests (zur phonetischen Merkfähigkeit und phonematischen Diskrimination) auf Seite 54 f. dar. Denn die Silben ergeben keinerlei Sinn. Somit erfolgt die Wiedergabe ausschließlich über das Gehör und das Gedächtnis. Unter Zahlen kann sich ein Kind jedoch etwas vorstellen, so dass diese von vielen Kindern leichter gespeichert werden können. Gegenständliche Wörter sind am einfachsten zu behalten – wegen der Erinnerungsbilder. Dies gilt jedoch nur, wenn die akustischen Signale mit der optischen Wahrnehmung verknüpft werden können. Im anderen Fall kommt es nicht zu Erinnerungsbildern, so dass generell eine schlechte Merkfähigkeit und somit eine akustische und optische Behaltensschwäche entstehen.

Das Sozialverhalten

Auch das Sozialverhalten wird von bestimmten Gehirnregionen gesteuert.

Unter Sozialverhalten versteht man ein Verhalten, welches die Bedürfnisse anderer Personen, also der Umgebung, berücksichtigt.

Wie eingangs (siehe Seite 15) beschrieben, sind es bestimmte Gehirnstrukturen, die das soziale Verhalten steuern: Diese Präfrontalregion (Frontalbereich) des Gehirns wird auch als „Sitz der Persönlichkeit" bezeichnet. Schon im 19. Jahrhundert wurde diese Gehirnregion mit „spezifisch menschlichen Eigenschaften" in Verbindung gebracht.

Störungen in dieser Region können auch bei völlig intakter Intelligenz vorhanden sein. Der amerikanische Neurologe Damasio beschreibt die zugrunde liegenden Ursachen in seinem Buch „Descartes' Irrtum" ausführlich und begründet, warum Descartes Ausspruch „Ich denke, also bin ich" (cogito ergo sum) nicht die ganze Wahrheit enthält. Denn das Gefühl, beziehungsweise das Empfinden, wird hierbei vernachlässigt und ist doch für die Umsetzung der Intelligenz in den Alltag von enormer Bedeutung. Damasio berichtet von Patienten, die nach den unterschiedlichsten Hirnverletzungen (unter anderem im Frontalhirnbereich) noch ausgezeichnet in den einzelnen Intelligenztests abschnitten, aber ihre Intelligenz im Alltag nicht mehr unter Beweis stellen konnten, da ihnen keinerlei Planung, Strukturierung oder Organisation mehr gelang und soziale Verhaltensauffälligkeiten in zum Teil krassem Ausmaß auftraten. Ihre Intelligenz schützte sie vor diesem Fehlverhalten nicht.

Daran erinnern mich immer wieder etliche meiner ADS-/ADHS-Patienten, auch wenn deren Verhaltensauffälligkeiten wesentlich geringer sind als die der Patienten, über die Damasio berichtet. Trotzdem besteht die Ähnlichkeit darin, dass einerseits eine intakte Intelligenz vorliegt, andererseits aber soziale Verhaltensauffälligkeiten. Bei ADS/ADHS ist die Funktionsstörung, auch wenn deren Ursachen vielfältig sein mögen, ebenfalls im Frontalhirn lokalisiert. Diese Lokalisation der Hirnfunktionsstörung liegt auch bei den Patienten, die Damasio untersuchte, zugrunde, was die Ähnlichkeit erklären könnte.

Der „Schulstress"

Auf einen weiteren Punkt möchte ich noch näher eingehen, der oft in der Beurteilung der individuellen Situation eines Kindes viel zu wenig Beachtung findet:

Überall hört man Klagen über den so genannten „Schulstress" – schon in der Grundschule. Doch wie kommt es dazu?

Häufig verursacht bei diesen Kindern nicht die Schule selbst den Stress bzw. die Überforderung, sondern zum einen überzogene Erwartungen von Seiten der Eltern, was die Leistungsfähigkeit ihres Kindes anbelangt. Und zum anderen kommen heute oft Kinder in

Meistens macht nicht die Schule an sich den Stress, sondern er entsteht aus der persönlichen Situation des Kindes.

75

die Schule, die noch nicht gelernt haben, sich an Regeln zu orientieren, sich in eine Gemeinschaft zu integrieren oder an sie gestellte Aufgaben zu Ende zu bringen – auch dann, wenn sie keine Lust dazu haben.

Eine dritte Gruppe von Kindern mit Schulstress sitzt überproportional lange an den Hausaufgaben, zum Teil bis zu zweieinhalb Stunden täglich – und diese Kinder haben dennoch keinen Erfolg. Sie ahnen es sicherlich: Es sind häufig die Kinder, von denen dieses Buch handelt. Wenn gleichzeitig andere Kinder in der Klasse ihre Hausaufgaben in zehn bis 15 Minuten erledigt haben und sogar noch wesentlich bessere Leistungen erbringen, ist der Begriff „Schulstress" ebenfalls verfehlt. Denn den Stress verursacht auch bei diesen Kindern nicht die Schule, sondern die persönliche Situation des Kindes.

Insofern kann man Eltern, die bei ihrem Kind von Schulstress reden, nur raten, mit dem Lehrer, dem behandelnden Kinderarzt und anderen vertrauten Personen zu sprechen, um herauszufinden, wo die Ursache dieser Situation liegt. Nach der Lektüre dieses Buches dürfte es hoffentlich kein großes Problem sein, das Kind richtig zu beurteilen. Liegt die Ursache der Probleme tatsächlich beim Kind selbst, muss auch hier die Bewältigung dieser Problematik ansetzen. Betroffene Kinder sind oft regelrecht erleichtert, wenn man ihnen die Zusammenhänge und auch die Lösung des Problems erklärt.

Vorschnelle Angriffe auf die Lehrkräfte oder den Lehrplan helfen niemandem weiter. Denn schließlich sollen die Kinder während der Schulzeit mit einem Wissen ausgerüstet werden, welches die Grundlage für die spätere Berufsausbildung legen soll.

An die Lehrkräfte dieser Kinder geht die Bitte, den Eltern gegenüber einerseits eine ehrliche Meinung über das Kind zu äußern und andererseits die vermutete Diagnose Aufmerksamkeits-Defizit-Störung oder Lese-Rechtschreib-Schwäche bzw. Rechenschwäche nicht sofort von der Hand zu weisen. Eine leichte Lese-Rechtschreib-Schwäche liegt bei ca. 15 Prozent aller Kinder vor, eine gravierende bei vier Prozent. Hinzu kommen die Kinder mit Dyskalkulie; über die Häufigkeit dieser Teilleistungsstörung gibt es allerdings kaum exakte Zahlen. Dies gilt auch für Kinder mit einem Aufmerksamkeits-Defizit-Syndrom, wobei nach neueren deutschen Studien acht Prozent aller Kinder ein ADHS haben. Die tatsächliche Anzahl von Kindern mit ADS liegt meiner Meinung nach sehr im Dunkeln, da gerade diese Kinder aufgrund ihrer wesentlich stilleren und verträumteren Symptomatik sehr häufig falsch beurteilt werden.

Bei manchen Kindern fällt es schwer zu unterscheiden, ob sie die Hausaufgaben wegen allgemeiner Interesselosigkeit und fehlender Motivation verweigern oder infolge eines ADS/ADHS. Auch fällt die Diagnose bei Kindern schwerer, deren minimale Teilleistungsstörungen nicht nur einen, sondern mehrere Bereiche umfassen. Somit kommt man in vielen Fällen um eine genaue Austestung des Kindes, welche alle Bereiche wie vorliegend beschrieben umfasst, nicht herum, will man dem Kind gerecht werden und es nicht vorschnell mit der Bezeichnung „minderbegabt" versehen.

Ein weiterer Punkt, den es zu beachten gilt, ist die Selbstständigkeit dieser Kinder. Es fällt auf, wie häufig es erforderlich ist, dass die Mutter während der Hausaufgaben sich nicht nur in Rufweite befindet, sondern im selben Zimmer oder sogar mit am Tisch sitzen muss. Andernfalls würde das Kind immer wieder aufstehen und andere Dinge erledigen. Zusätzlich sind immer wieder gezielte Hilfestellungen von Seiten der Mutter nötig. Gerade Kinder mit ADS/ADHS oder minimalen Teilleistungsstörungen benötigen tatsächlich eine sehr intensive Führung. Aber die Gefahr ist sehr groß, dass dieses Verhaltensmuster von beiden Seiten aus beibehalten wird, auch wenn es schon längst nicht mehr erforderlich ist.

Die Entwicklungsverzögerung

Im Alltag – sei es im Kindergarten oder in der Familie – fällt es häufig schwer, die Vermutungsdiagnose ADS/ADHS zu stellen. Denn viele ADS-/ADHS-Kinder erscheinen nur unter der Berücksichtigung ihres Alters als verhaltensauffällig: Im ersten Moment – sowohl in Bezug auf ihr Spielverhalten, als auch auf ihre Redegewandtheit oder ihre Körpergeschicklichkeit – erscheinen sie vollkommen unauffällig. Man wird erst stutzig, wenn man berücksichtigt, dass dieses Kind z. B. bereits sechs oder gar sechseinhalb Jahre alt ist, aber den Eindruck eines vier bis fünf Jahre alten Kindes macht. Die Verhaltensweisen wären demzufolge für ein vier bis fünf Jahre altes Kind in Ordnung.

Kinder mit ADS/ADHS wirken in ihrem Verhalten meist jünger, als sie in Wirklichkeit sind.

Die Entwicklungsverzögerung betrifft in diesen Fällen alle Bereiche, wenn auch sehr oft mit Schwerpunkt in den akustischen Detailfunktionen (wie oben beschrieben). Gerade in der heutigen Zeit, da die typische Großfamilie mit viel Kontakt quer durch alle Generationen nicht mehr existiert, haben die Eltern wenige Vergleichmöglichkeiten und können nur schwer erkennen, welche Verhaltensauffälligkeiten bzw. Entwicklungsauffälligkeiten ihr Kind zeigt – dies besonders dann, wenn es sich um das erste Kind handelt.

Erzieher und Therapeuten sollten Verständnis dafür aufbringen, dass Eltern aus diesem Grund typische Verhaltensweisen ihres ADS-/ADHS-Kindes als Charaktereigenschaft ansehen, obwohl es sich um die Folge von Wahrnehmungsstörungen handelt. Gerade aus diesem Grund, um Erziehern, Therapeuten und Eltern objektive Maßstäbe in der Beurteilung des Kindes an die Hand geben zu können, sind die im zurückliegenden Kapitel beschriebenen Tests und diagnostischen Beurteilungen so wichtig – umso mehr, als sie bereits Lösungsmöglichkeiten für das bestehende Problem aufzeigen.

Die Psychomotorische Ganzheitstherapie bei ADS/ADHS

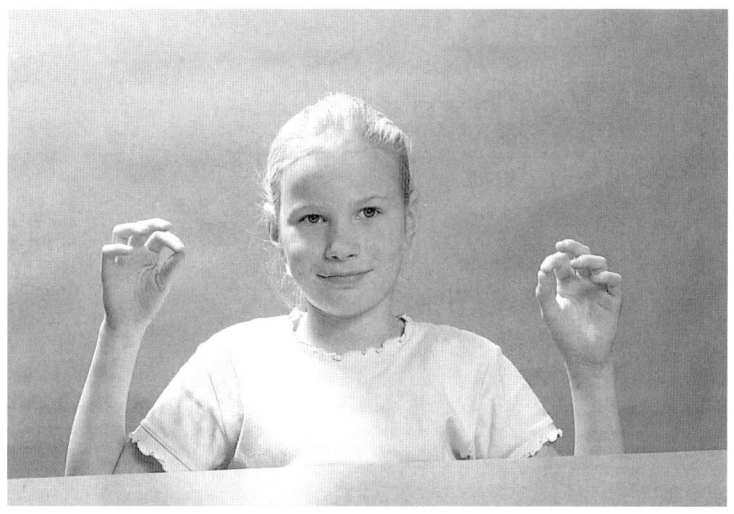

Bei Kindern mit ADS/ADHS beinhaltet die Psychomotorische Ganzheitstherapie, je nach Befundkonstellation, schwerpunktmäßig Wahrnehmungsübungen, aber auch Übungen zur Verbesserung der Kreuzmuster-Anbahnung sowie der Fingergeschicklichkeit.

Die Verbesserung von Motorik, Körperhaltung und Kreuzmuster-Anbahnung

Am Anfang jeder Therapie stehen Bodenübungen zur korrekten Anbahnung der Kreuzmuster-Reihe.

Immer wieder ruft die Tatsache, dass ich für Kinder, die bereits frei und sicher laufen können, „Bodenübungen" für wichtig halte, Erstaunen hervor. Jedoch sind dies immer Kinder, bei denen die Kreuzmuster-Reihe *Robben – Krabbeln – Gehen mit Armgegenschwung – Hüpferlauf* nicht korrekt ausgebildet ist. Die Übungen zielen somit auf eine möglichst durchgehende Kreuzmuster-Anbahnung ab und setzen sich zusammen aus Kreuzmuster-Patterning (siehe Abb. 23 und 24 auf Seite 81), Robben, Krabbeln, Gehen mit Armgegenschwung und Hüpferlauf. Das Kreuzmuster-Patterning ist eine wichtige Basisübung. Man könnte es auch „Robben auf der Stelle" nennen, denn der Bewegungsablauf entspricht dem Robben, allerdings, ohne sich vorwärts zu bewegen.

Abzulehnen sind für diese Kinder homolaterale Übungen, denn die genaue Beobachtung dieser Kinder zeigt, dass sie ihre homolaterale Phase (welche in der altersentsprechenden Entwicklung extrem kurz ist) bereits durchlaufen oder zumindest erreicht haben und somit die Kreuzmuster-Anbahnung das Ziel ist. Immer wieder werden mir Kinder vorgestellt, deren Entwicklung in die richtige Richtung gegangen ist, durch homolaterale Übungen jedoch gestört bzw. unterbrochen worden ist.

Solange Kinder noch nicht im Kreuzmuster robben können, empfiehlt es sich unbedingt, vor die Übung des Robbens das Kreuzmuster-Patterning (siehe Abb. 23 und 24) zu schalten. Kann das Kind diese Übung nach genauer Anleitung noch nicht selbstständig durchführen, sollte man zunächst die Bewegung der Arme und des Kopfes einüben, anschließend die Bewegung der Beine und danach die Gesamtübung durchführen lassen. In manchen Fällen kann es sinnvoll sein, dass die Mutter entweder den Rhythmus dazu klatscht oder das jeweilige Bein und den entsprechenden Arm berührt, so dass das Kind hierüber noch leichte Hinweise erhält.

Erst wenn das Robben sicher und koordiniert im Kreuzmuster durchgeführt wird, kann auf das Kreuzmuster-Patterning verzichtet werden. Hinweise, wie das Robben auszuführen ist, verwirren die

Kinder in der Regel nur. Wartet man dagegen ab, stellt sich nach und nach durch das vorher geübte Kreuzmuster-Patterning auch beim Robben ein Kreuzmuster ein.

Lediglich bei größeren und verständigeren Kindern kann, um das korrekte Robben anzubahnen, nach einer gewissen Zeit der Hinweis erlaubt sein, dass sie nach dem *Kreuzmuster-Patterning ein so genanntes Kreuzmuster-Patterning in der Vorwärtsbewegung* durchführen sollen: Sie sollen nun genauso robben, wie sie das Kreuzmuster-Patterning durchgeführt haben – also mit „überkorrektem" Bewegungsmuster.

Nach und nach werden sich nun das Kreuzmuster-Patterning in der Vorwärtsbewegung und das freie spontane Robben immer ähnlicher. Ist ein korrektes Kreuzmuster beim Robben erreicht, kann diese Zwischenübung weggelassen werden.

Auch krabbeln sollte das Kind so, wie es dies instinktiv machen möchte. Gleiches gilt anfangs für das betonte Gehen, auch wenn Kinder dies noch im homolateralen Muster durchführen. Erst nach einiger Zeit konsequenten Übens ist es sinnvoll, die Kinder gezielt auf das Kreuzmuster beim Gehen aufmerksam zu machen.

Um ihnen die Schwierigkeit des „überkreuzten Denkens" (linker Arm/rechtes Bein) abzunehmen, kann folgende Erleichterung geschaffen werden: Man legt z. B. um das rechte Handgelenk und um das linke Knie ein blaues Haargummi, um das rechte Knie und um das linke Handgelenk ein rotes Haargummi und fordert das Kind auf, jeweils die beiden roten Haargummis und die beiden blauen Haargummis nacheinander zusammenzubringen.

Manche Kinder können zwar die Bewegung beim betonten Gehen im Kreuzmuster durchführen, jedoch reicht ihre Balance und ihre Körperkoordination noch nicht aus, um sich so lange im Einbeinstand zu halten. Hier empfiehlt es sich, als gezielte Vorübung den Einbeinstand zu üben und z. B. das Kreuzmuster-Gehen auf der Stelle und an eine Wand gelehnt durchzuführen.

Der Bewegungsablauf beim Hüpferlauf stellt ein *Kreuzmuster-Gehen im Hüpfen* dar, wobei der Hüpfer jeweils auf dem vorderen Bein (Standbein) durchgeführt wird. Solange ein Kind noch nicht korrekt im Kreuzmuster gehen kann, ist es wenig sinnvoll, den geziel-

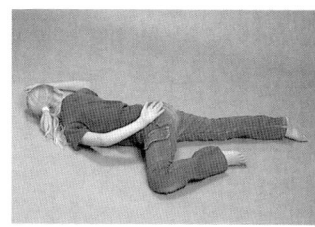

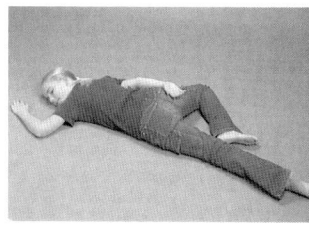

Abb. 23 und Abb. 24: Kreuzmuster-Patterning auf der Stelle Der rechte Arm und das linke Bein werden nach vorne geführt, während der linke Arm und das rechte Bein nach hinten geführt werden. Die Ablage des Beines erfolgt mit einem rechten Winkel im Hüftgelenk und im Kniegelenk. Der Arm wird jeweils so nach vorne abgelegt, dass sich die Hand in Augenhöhe befindet. Den Kopf dreht man in die Richtung, in die der Arm nach vorne abgelegt ist. Als Tempo sollte ein Sekundentakt angestrebt werden.

ten Hüpferlauf in das Übungsprogramm einzubauen. Eine hilfreiche Vorübung stellt allerdings das Rennen oder spielerische Hüpfen dar.

> Die Kreuzmuster-Reihe enthält so gut wie immer das Kreuz-muster-Patterning als Grundlage. Hinzu kommen noch das Robben und Krabbeln sowie je nach Entwicklungsstand des Kindes das Kreuzmuster-Gehen und der Hüpferlauf. Sinnvoll ist es, diese Kreuzmuster-Reihe in der hier beschriebenen Rei-henfolge durchzuführen. Lediglich bei Kindern, denen dieser Übungsdurchgang zu lange dauert, bietet es sich an, diese Übungen über den Tag zu verteilen.

Die Bedeutung der Kreuzmuster-Reihe für die schulischen Leistungen

Es ist erstaunlich, welche Auswirkung die Durchführung von Kreuzmuster-Übungen auf die schulischen Leistungen haben kann.

Diese Anbahnung der Kreuzmuster-Reihe halte ich für die wichtigste Grundlage eines Therapieprogramms bei ADS/ADHS, denn darauf bauen die Fortschritte der Kinder auf: Am Ende der vierten Klasse in Mathematik im Zeugnis eine „1" zu verfehlen, ist für ein mathe-matisch begabtes Kind schlimm genug. Aber wegen einer „4" in Deutsch nicht auf die Realschule oder gar auf das Gymnasium über-wechseln zu dürfen, trifft in einem solchen Fall besonders hart. Dies war bei Ferdinand der Fall gewesen, den ich kennen lernte, als er in der fünften Klasse einer Hauptschule war und zu seinem Entsetzen auch hier nur noch Diktate mit „6" bewertet bekam (siehe Abb. 25). Er zeigte hauptsächlich Beeinträchtigungen in der Kreuzmuster-Reihe, in der Fingergeschicklichkeit und Stifthaltung sowie in der akustischen Wahrnehmung, insgesamt verbunden mit einer vermin-derten Aufmerksamkeitsspanne. Nach einem Vierteljahr intensiver Kreuzmuster-Übungen (Kreuzmuster-Patterning, Robben, Krabbeln, betontes Gehen und Hüpferlauf) sowie dem Einsatz der Padovan-Reihe (um nur die wichtigsten Übungen zu nennen), schrieb er eine „2" im Diktat (siehe Abb. 26). Bitte achten Sie in diesem Diktat nicht nur auf die Rechtschreibung, sondern auch auf die Schrift. Seine Aufmerksamkeitsspanne und dadurch die Verarbeitung des Schul-stoffs waren deutlich gebessert. Sein Selbstbewusstsein übrigens auch. Die nun guten Noten in Deutsch und die beginnende Pubertät führten dazu, dass er sein Therapieprogramm als unnötig ansah. Schließlich pendelte er sich stabil auf einer „3" in Deutsch ein – damit war er zufrieden, bessere Noten waren ihm nicht wichtig. Ich denke, diese Einstellung kann man akzeptieren.

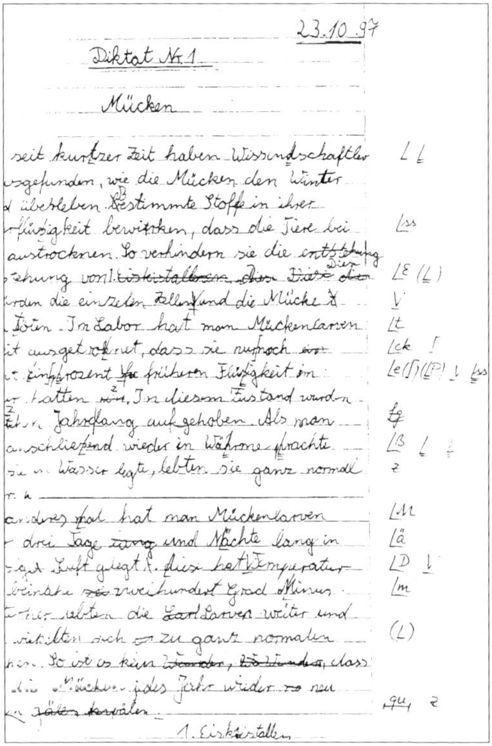
23.10.97

Diktat Nr. 1

Mücken

seit kurtzer Zeit haben Wissendschaftler
usgefunden, wie die Mücken den Winter
überbleben. Bestimmte Stoffe in ihrer
flüsigkeit bewirken, dass die Tiere bei
austrocknen. So verhindern sie die entstehung
von Eiskristallen.
rden die einzelen Zellen und die Mücke
töten. Im Labor hat man Mückenlarven
it ausgetrocknet, dass sie nur noch
einfprozent frühere Flüsigkeit im
hatten. In diesem Zustand wurden
Jahrelang aufgehoben. Als man
anschließend wieder in Wärme brachte
sie in Wasser legte, lebten sie ganz normal
andres mal hat man Mückenlarven
drei Tage und Nächte lang in
Luft glegt. diese hat Temperatur
beinahe zweihundert Grad Minus.
lebten die Larven weiter und
wickelten sich zu ganz normalen
So ist es kein Wunder, dass
die Mücken jedes Jahr wider neu
quälen.

1. Eiskristallen

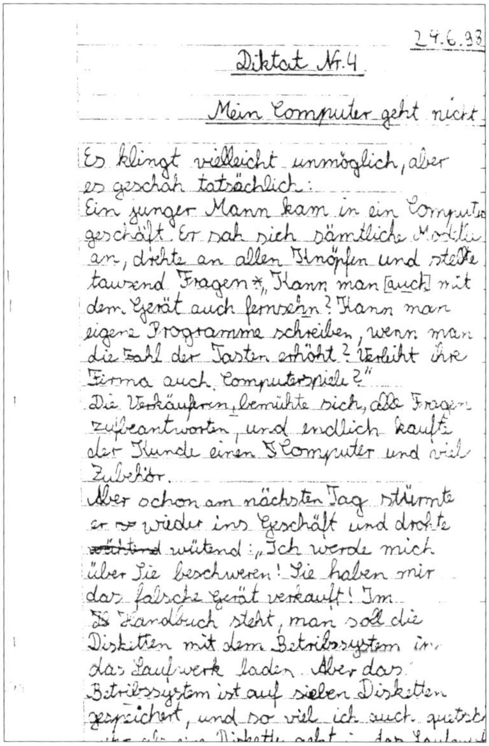
24.6.98

Diktat Nr. 4

Mein Computer geht nicht

Es klingt vielleicht unmöglich, aber
es geschah tatsächlich:
Ein junger Mann kam in ein Computer
geschäft. Er sah sich sämtliche Modelle
an, drehte an allen Knöpfen und stellte
tausend Fragen: „Kann man auch mit
dem Gerät auch fernsehn? Kann man
eigene Programme schreiben, wenn man
die Zahl der Tasten erhöht? Verleiht ihre
Firma auch Computerspiele?"
Die Verkäuferin bemühte sich, alle Fragen
zu beantworten, und endlich kaufte
der Kunde einen Computer und viel
Zubehör.
Aber schon am nächsten Tag stürmte
er wieder ins Geschäft und drohte
wütend: „Ich werde mich
über Sie beschweren! Sie haben mir
das falsche Gerät verkauft! Im
Handbuch steht, man soll die
Disketten mit dem Betribssystem in
das Laufwerk laden. Aber das
Betribssystem ist auf sieben Disketten
gespeichert, und so viel ich auch quetsche

Abb. 25 (links): Diktat vor Beginn der Psychomotorischen Ganzheitstherapie

Abb. 26 (rechts): Diktat vier Monate nach Beginn der Psychomotorischen Ganzheitstherapie

Ein weiterer Schüler mit ADS, LRS und Dyskalkulie, bei dem zusätzlich deutliche Probleme mit der korrekten Stifthaltung bestanden, erreichte in der dritten Klasse in keinem Diktat weniger als 30 Fehler. Auch in Aufsätzen war die Rechtschreibung nicht besser. In der Kreuzmuster-Reihe waren das Robben und der Hüpferlauf noch fehlerhaft. Nach nur vier Wochen intensiver Kreuzmuster-Übungen, die schon nach wenigen Tagen von dem Jungen bei seiner Mutter eingefordert wurden, gelang ihm der erste Aufsatz mit nur einem Rechtschreibfehler auf drei Seiten! Unabhängig davon waren der Klassen-

lehrerin eine Verbesserung in Mathematik sowie eine verbesserte Stifthaltung aufgefallen. Die ADS-Problematik hat sich bis heute zwar noch nicht vollständig gegeben, aber deutlich verringert, so dass guten Gewissens eine Gymnasialempfehlung ausgesprochen werden konnte. Dieser Junge spürte selbst, welche Vorteile er durch die konsequente Durchführung dieser Übungen hatte, und machte sie aus diesem Grund zum selbstverständlichen Bestandteil seines Nachmittags. Zu erwähnen ist noch, dass er nie in meiner Praxis vorgestellt wurde. Die Beurteilung der Gesamtsituation und der Kreuzmuster-Reihe gelang der Mutter nach einem meiner Vorträge über „ADS/ADHS und minimale Teilleistungsstörungen" sowie durch mein Buch über die Grundlagen der Psychomotorischen Ganzheitstherapie: „Ihr könnt mir wirklich helfen". Diese Erfahrung gab den Anstoß zu dem vorliegenden Buch, denn ich gelangte hierdurch zu dem Schluss, dass sicherlich noch viel mehr Eltern ihren Kindern mit den hier beschriebenen Tests und den darauf aufbauenden Übungen helfen können, ihre Situation zu verbessern, auch ohne meine Praxis oder die meiner Kolleginnen aufgesucht zu haben.

Regelmäßig Sport zu treiben ist in jedem Falle zusätzlich empfehlenswert. Weicht bei lediglich entwicklungsauffälligen Kindern die *allgemeine Muskelspannung* von einer Normotonie (normale Muskelspannung) ab, meistens in Richtung einer Hypotonie (erniedrigte Muskelspannung), sollte das Kind allein schon aus diesem Grund motiviert werden, Sport zu treiben. Unabhängig davon wirkt gerade das Robben allgemein kräftigend auf die Wirbelsäulen-Schulter-Nackenmuskulatur. So werden das Robben und Krabbeln z. B. auch in einigen Rückenschulen als so genanntes klappsches Kriechen im Rahmen von Wirbelsäulengymnastik eingesetzt. Es wirkt auch auf Asymmetrien der Wirbelsäulenmuskulatur ausgleichend. Besteht z. B. bei einem Schulkind eine noch nicht fixierte Skoliose (s-förmige Verkrümmumg der Wirbelsäule), kann durch diese symmetrisch wirkende Übung die Skoliose deutlich zurückgehen. Auch sind diese Bodenübungen praktikabler und einfacher in den Alltag zu integrieren als z. B. die üblicherweise bei kindlicher Skoliose gegebene Empfehlung, zweimal in der Woche eine Stunde zu schwimmen. Eine regelmäßige Kontrolluntersuchung und Verlaufsbeobachtung durch den Orthopäden am Heimatort sollte ebenfalls selbstverständlich sein.

Das Training von Gleichgewicht und Körperkoordination

Je kleiner ein Kind ist, desto eher werden von mir Gleichgewichtsübungen in den Therapieplan aufgenommen. Bei größeren Kindern, z. B. im Schulalter, gebe ich Gleichgewichtsübungen nur dann vor, wenn deutliche diesbezügliche Schwierigkeiten bestehen. Ansonsten halte ich es für geschickter, diese Übungen durch spielerische Elemente wie z. B. Kinderturnen oder häufige Spielplatzbesuche zu ersetzen. Etwas anderes ist es mit Sportarten, die z. B. über die reine Körperkoordination hinaus noch die Kreuzmuster-Anbahnung unterstützen, wie z. B. Inlinerfahren oder Skilanglauf. Diese zusätzliche Empfehlung ist vor allem dann sinnvoll, wenn ein Kind dazu neigt, die Kreuzmuster-Übungen nur in gekürzter Form durchführen zu wollen.

Gleichgewicht und Körpergeschicklichkeit lassen sich durch vielfältige sportliche Aktivitäten schulen.

Auch Reiten als Freizeitbeschäftigung hilft vielen Kindern, außerhalb eigentlicher Übungen die Körperkoordination zu verbessern und das Gleichgewicht zu schulen. Nicht jedem dieser Kinder empfehle ich regelrechtes therapeutisches Reiten. Viele Kinder profitieren auch vom Voltigieren oder normalen Reitunterricht.

Übrig bleibt in vielen Fällen nur die liegende Acht mit jeweils einem Bein als regelrechte Übung für diesen Bereich (siehe Abb. 7 und 8 auf Seite 32): Das Kind steht auf einem Bein, winkelt das andere Bein leicht an und führt mit dem Fuß knapp über dem Fußboden die Bewegungsform einer liegenden Acht durch. Die Kreuzungsstelle liegt auf der gedachten Körperachse geringfügig medial der Fußspitze des anderen Fußes. Kann ein Kind diese Bewegungsform noch nicht frei durchführen, darf es sich bei dieser Übung festhalten. Eine zusätzliche Erleichterung entsteht, wenn man eine auf einen stabilen Pappdeckel gemalte Acht (oder einen sogenannten Holz-Achter) an die entsprechende Stelle auf den Boden legt. Diese Erleichterungen können dem Kind so lange gewährt werden, wie es sie nötig hat. Es ist immer wieder erstaunlich, wie deutlich sich die gesamte Körperkoordination bei der Ausführung dieser Bewegungsform von einem Vorstellungstermin zum nächsten verbessert, so dass diese Anfangsübung von Mal zu Mal reduziert und nach einer gewissen Zeit ganz abgesetzt werden kann.

Abb. 27 und 28: Inlinerfahren als KreuzmusterÜbung

85

Die Verbesserung der Handgeschicklichkeit

An dieser Stelle möchte ich zunächst auf die Übungen zur Verbesserung des motorischen Ablaufes eingehen: Hier sind allen voran die *Fingerübungen nach Padovan* zu nennen (siehe Abb. 29–38). Diese Übungen sind entsprechend der natürlichen Entwicklung vom Säugling zum Schulkind aufgebaut.

Durch gezielte Fingerübungen kann die Handfunktion nachhaltig verbessert werden.

Analysiert man diese durchgeführten Bewegungsmuster, erkennt man, dass hierin alle benötigten grundlegenden Bewegungsmuster der Finger enthalten sind. Somit bietet es sich an, diese Übungen gezielt, je nach Entwicklungsstand des Kindes in aufsteigender Reihenfolge, einzusetzen.

Selbstverständlich ist es auch sehr gut möglich, die einzelnen Übungen spielerisch in Fingerspiele und Bewegungslieder einzubauen. So sind z. B. in dem Fingerspiel „Himpelchen und Pimpelchen" mehrere der hier angesprochenen Bewegungen bereits in ähnlichem Muster enthalten. Insofern muss nach Interesse und Alter des Kindes entschieden werden, ob es sinnvoller ist, diese Bewegungen als reine Übung oder als Fingerspiel durchzuführen.

Bei älteren Kindern ist es allerdings durchaus empfehlenswert, die Übungen gezielt und bei einem Durchgang in zwei Minuten durchzuführen, anstatt durch zu viel spielerisches Beiwerk die hierfür erforderliche Zeit unnötig auszudehnen. Außerdem werden die Padovan-Übungen 1 bis 8 von Schulkindern wegen des sachlichen Übungscharakters besser akzeptiert als die ihnen zu kindlichen Fingerspiele. Etliche Kindergärten integrieren die Padovan-Übungen bereits in den täglichen Stuhlkreis.

Bei der Durchführung sitzt die Mutter dem Kind am besten an einem Tisch gegenüber. Die Unterarme des Kindes können auf dem Tisch aufliegen, die Ellenbogen dagegen sollten möglichst nicht aufliegen.

Nach der Eingewöhnungszeit sollte folgende Reihenfolge eingehalten werden: viermal die Padovan-Übung Nr. 1, viermal die Nr. 2, viermal die Nr. 1, viermal die Nr. 3 usw. Allerdings können diese Übungen nach einer gewissen Eingewöhnungszeit auch vom Kind selbstständig ohne Kontrolle, z. B. bei Autofahrten, durchgeführt werden.

Das Übungstempo ist vom Kind und seiner Geschicklichkeit abhängig. Als Ziel sollte bei den Übungen Nr. 1 bis 7 für den jeweiligen Wechsel der Bewegungen ein Sekundentakt angestrebt werden.

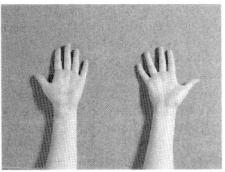
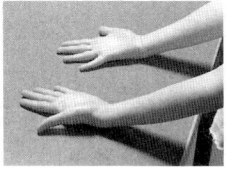
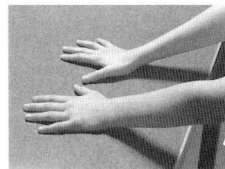

Abb. 29 c (links):
Padovan-Übung Nr. 1
in der Pronationsstel-
lung: Die Hände liegen
flach auf dem Tisch,
jeweils mit der Handin-
nenfläche nach unten.

Abb. 29 a und 29 b (oben): Padovan-Übung Nr. 1
in der Supinationsstellung (jeweils aus zwei ver-
schiedenen Blickwinkeln fotografiert): Die Hände
liegen flach auf dem Tisch, jeweils mit dem Hand-
rücken nach unten.

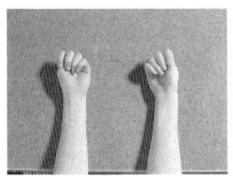
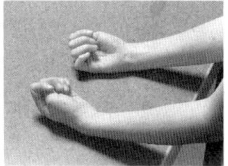
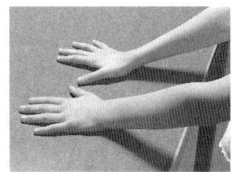

Abb. 30 c (links):
Padovan-Übung Nr. 2
in der Pronationsstel-
lung. Dies entspricht
wie bei den folgenden
Übungen auch der
Padovan-Übung Nr. 1
in Pronationsstellung:
Beide Hände liegen
flach auf dem Tisch, je-
weils mit der Handin-
nenfläche nach unten.

Abb. 30 a und 30 b (oben): Padovan-Übung Nr. 2
in der Supinationsstellung: Der Daumen wird von
den Fingern umschlossen (jeweils aus zwei ver-
schiedenen Blickwinkeln fotografiert).

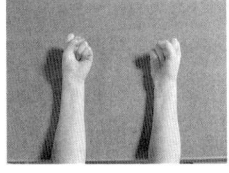
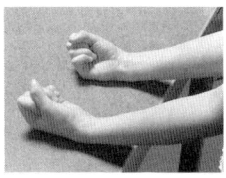
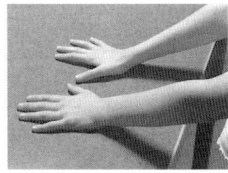

Abb. 31 a und 31 b (oben): Padovan-Übung Nr. 3
in der Supinationsstellung (jeweils aus zwei ver-
schiedenen Blickrichtungen fotografiert): Der
Daumen wird bei geschlossener Faust in Höhe
von Mittel- und Ringfinger über die anderen Fin-
ger gelegt.

Abb. 31 c (oben):
Padovan-Übung Nr. 3
in der Pronations-
stellung: siehe oben.

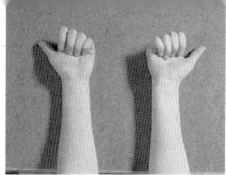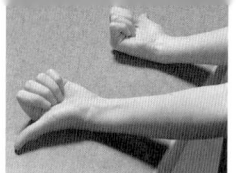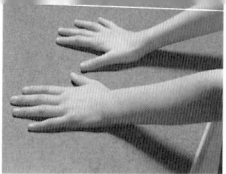

Abb. 32 a und 32 b (links und Mitte): Padovan-Übung Nr. 4 in der Supinations-stellung (jeweils aus zwei verschiedenen Blickrichtungen fotografiert): Die Faust ist geschlossen, wobei der gestreckte Daumen den Tisch berührt (der Handrücken liegt auf dem Tisch auf). Abb. 32 c (rechts): Padovan-Übung Nr. 4 in der Pronationsstellung: siehe Seite 87.

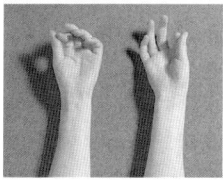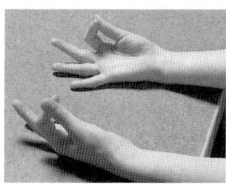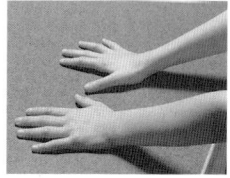

Abb. 33 a und 33 b (links und Mitte): Padovan-Übung Nr. 5 „Kreuzerl" in der Supinationsstellung (jeweils aus zwei verschiedenen Blickrichtungen fotogra-fiert): Die Daumenspitze drückt von der Seite gegen die Zeigefingerspitze. Abb. 33 c (rechts): Padovan-Übung Nr. 5 in der Pronationsstellung: siehe Seite 87.

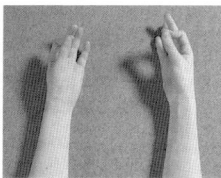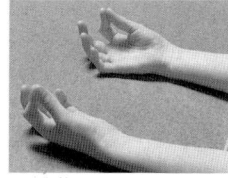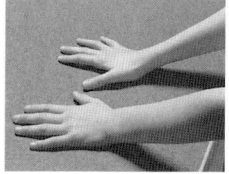

Abb. 34 a und 34 b (links und Mitte): Padovan-Übung Nr. 6 in der Supinations-stellung „Pinzettengriff" (jeweils aus zwei verschiedenen Blickrichtungen fotografiert): Daumen und Zeigefinger sind durchgestreckt (wie bei einer Pinzette), während sich die Spitzen berühren. Abb. 34 c (rechts): Padovan-Übung Nr. 6 in der Pronationsstellung: siehe Seite 87.

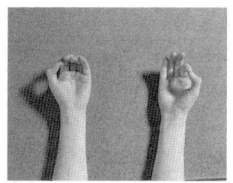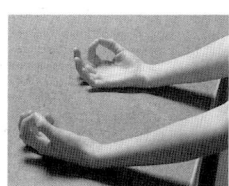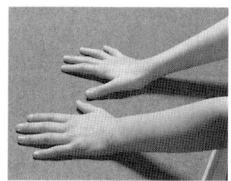

Abb. 35 a und 35 b (links und Mitte): Padovan-Übung Nr. 7 „Zangengriff" (jeweils aus zwei verschiedenen Blickrichtungen fotografiert): Daumen und Zeigefinger sind rund (wie bei einer Zange), während sich die Spitzen berüh-ren. Abb. 35 c: Padovan-Übung Nr. 7 in der Pronationsstellung: siehe Seite 87.

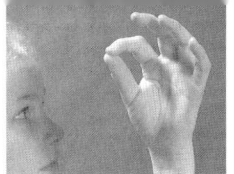  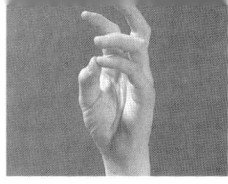

Abb. 36, 37 und 38 (oben): Padovan-Übung Nr. 8: Daumenopposition nacheinander gegen die Finger derselben Hand mit beiden Händen gleichzeitig. Jeder Finger tippt nacheinander gegen den Daumen und wieder zurück. Das Tempo dieser Übung sollte so weit gesteigert werden, bis die Bewegungen automatisch erfolgen, also ohne entsprechende Konzentration darauf durchgeführt werden können. (Abb. 36 Daumen gegen Zeigefinger, Abb. 37 Daumen gegen Ringfinger, Abb. 38 Daumen gegen kleinen Finger)

Abb. 39 (links): Noch leichtgradig beeinträchtigte Stifthaltung, da der Stift nicht exakt gegen die Daumenspitze gehalten wird.

Wie in Abb. 26 (siehe Seite 83) zu sehen ist, kann durch eine korrekte Stifthaltung die Schrift wesentlich verbessert werden; dies erleichtert dem Kind die Fehlersuche. Eine korrekte Stifthaltung kann durch die Verbesserung der Wahrnehmung und der Fingergeschicklichkeit erreicht werden, allerdings nicht allein durch den Willen des Kindes, so dass Ermahnungen, den Stift richtig zu halten, in dieser Phase nicht viel fruchten. Eine so genannte Dreieckshülle kann die Stifthaltung verbessern, bis die Padovan-Übungen ausreichend greifen.

Abb. 40 (oben): Mit einer so genannten Dreieckshülle ist eine nur leicht beeinträchtigte Stifthaltung sofort zu korrigieren, wodurch die gesamte Handführung beim Schreiben lockerer wird.

Hält das Kind beim Schreiben auch sein Handgelenk sehr verkrampft, ist noch folgende Übung zu empfehlen: Das Handgelenk wird bei ruhig gehaltenem Unterarm gezielt kreisförmig bewegt (siehe Abb. 41 und 42, Seite 90). Zur anfänglichen Unterstützung ist es ratsam, dass ein Helfer (oder das Kind selbst mit der anderen Hand) den Unterarm fixiert (siehe Abb. 43 a–c, Seite 90).

Spezielle Anleitung für Linkshänder

Die gezielte Anleitung für Linkshänder sollte sich an den individuellen Bedürfnissen orientieren und nicht an allgemein gültigen Vorstellungen darüber, was erforderlich ist und was nicht. Häufig genügen bereits wenige kleine Tipps, um einem Linkshänder das Schreibenlernen zu erleichtern. Gerade Dr. Johanna Sattler hat sich inten-

Durch einige Tipps kann man Linkshändern das Schreiben bedeutend erleichtern.

Abb. 41, 41 a und 42 (oben): Drehen im Handgelenk. Auf diesen beiden Abbildungen ist die Übung zu sehen, wie sie von dem Kind selbstständig und ohne Fixierung des Unterarmes durchgeführt wird.

Abb. 43 a–c (unten): Dieselbe Übung mit Fixierung des Unterarms

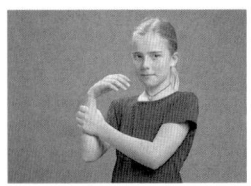

siv mit diesem Thema beschäftigt und gibt in ihrem speziellen Buch (siehe Literaturliste) viele hilfreiche Tipps.

Wer einmal ein linkshändiges Kind beim Spitzen von Bleistiften beobachtet hat, versteht sofort, warum dieses Kind lieber mit stumpfen Stiften schreibt, als diese zu spitzen. Ein „Linkshänderspitzer" kann in einem solchen Fall Wunder bewirken. Je nach den individuellen Erfordernissen kann es auch sinnvoll sein, diese Padovan-Übungen sowie Schreibübungen intensiver einzubauen. Denn Linkshänder benötigen oft wesentlich mehr Übungseinheiten als im schulischen Alltag vorgesehen. Diesbezügliche Empfehlungen könnten gezielt von den Lehrern ausgesprochen werden, denn dies „wirkt" wesentlich besser als eine Aufforderung durch die Mutter.

Auch auf die Sitzordnung sollten die Lehrer aus diesem Grund Einfluss nehmen: Sitzt ein Linkshänder rechts neben einem Rechtshänder, stoßen die Ellenbogen der beiden „Schreibarme" in der Mitte zwischen den Kindern immer wieder zusammen, was unnötige Unruhe verursacht.

Durch reine Fingerübungen, kombiniert mit Übungen zur Verbesserung der Beweglichkeit im Handgelenk, kann erreicht werden, dass ein Kind beim Schreiben von Texten wesentlich weniger Probleme hat und sogar beim Schreiben von Diktaten weniger Fehler macht. Bei Kindern, die aufgrund von feinmotorischen Problemen im Diktat zu vielen Fehlern neigen, sind isolierte Rechtschreibübungen nicht nur wirkungslos, sondern sie verderben ihnen die Lernmotivation von vornherein.

Eine weitere Übung darf in diesem Bereich nicht fehlen, da sie gerne zur Verbesserung der Koordination der Arm- und Handbewegungen eingesetzt wird; sie trainiert darüber hinaus die Überkreuzbewegung im Bereich der Arme: die liegende Acht mit beiden Händen vor dem Körper, wobei jeweils von der Mitte aus die Bewegung nach oben (und an den seitlichen Rändern nach unten) erfolgen sollte.

Als Alternative kann die liegende Acht, je nach Alter des Kindes, auch mit einem Stift auf Papier oder über einem so genannten Holz-Achter durchgeführt werden.

Die Verfeinerung der taktil-kinästhetischen Wahrnehmung und Propriozeption

Da die taktil-kinästhetische Wahrnehmung eine absolut wichtige Grundlage für die Entwicklung eines Kindes darstellt, verzichte ich nur bei Schulkindern mit minimalen Auffälligkeiten in diesem Bereich auf spezielle Tastübungen. Es zeigt sich meistens im Verlauf, dass diese minimalen Störungen allein durch das Gesamtprogramm ausgeglichen werden können.

Bei Kindergartenkindern ist wegen der Bedeutung der taktil-kinästhetischen Wahrnehmung für die weitere Entwicklung von vornherein die Indikation für Übungen aus dem taktilen Bereich großzügiger zu stellen, vor allem auch, da bei diesen Kindern sehr häufig die Störungen im taktil-kinästhetischen Bereich noch gravierender sind:

Zu denken ist an eine mehrmals tägliche Ganzkörpermassage mit den unterschiedlichsten Materialien, wobei das Kind zur besseren Motivation jeweils noch die Materialien erraten soll. Sensospiele, wie z. B. die unterschiedlichsten Fühlsäckchen mit Gegenständen, Formen oder Materialien sowie das Spielen in bzw. mit einer Erbsenkiste, einem Kastanienbad oder auch Bällchenbad, runden die Palette ab. Der Fantasie, wie sich das Kind möglichst intensiv und häufig mit taktilen Reizen auseinander setzen kann, sind therapeutisch gesehen keine Grenzen gesetzt.

Félicie Affolter empfiehlt, dem Kind über das so genannte Erspüren durch Führen seine Umgebung vom taktilen Ansatz her bewusster zu machen, so dass es diese Umgebung und deren Abläufe besser verstehen kann. Übungen aus diesem Konzept sind gerade bei Kindern mit Auffälligkeiten in der taktil-kinästhetischen Wahrnehmung, verbunden mit einer Sprachentwicklungsstörung, sehr hilfreich.

Die Vermittlung dieser grundlegenden Gedanken sowie die Lektüre des Buches „Wahrnehmung, Wirklichkeit und Sprache" von F. Affolter (siehe Literaturverzeichnis) versetzt viele Eltern schon sehr gut in die Lage, in diesem Sinne ihr Kind in den unterschiedlichsten alltäglichen Situationen zu fördern.

Die taktil-kinästhetische Wahrnehmung ist eine entscheidende Grundlage für die Entwicklung des Kindes.

Abb. 44 und Abb. 45 (oben): Liegende Acht mit beiden Händen vor dem Körper, wobei das Kind mit den Augen der Handbewegung folgt. Kinder, die die Bewegung der liegenden Acht noch nicht frei durchführen können, können diese Bewegungsform erlernen, indem sie der Form des Holz-Achters folgen.

91

Die Verbesserung der optischen Wahrnehmung

Eine Fehlsichtigkeit muss unbedingt durch eine Brille ausgeglichen werden; darüber hinaus gibt es aber wichtige Übungen, um die optische Wahrnehmung zu trainieren.

Wie wichtig der Ausgleich einer möglicherweise vorhandenen Fehlsichtigkeit durch eine Brille ist, wurde bereits in Kapitel 3 (siehe Seite 41 ff.) besprochen. Darüber hinaus sollte allgemein darauf geachtet werden, dass Kinder mit einer Fehlsichtigkeit, auch wenn diese durch eine Brille ausgeglichen ist, im Klassenzimmer möglichst weit vorne sitzen. Aber auch Kinder, die Wahrnehmungsstörungen im optischen Bereich haben, jedoch ohne Notwendigkeit, eine Brille tragen zu müssen, sollten in der Nähe der Tafel sitzen.

Bei einer *Schielfehlstellung* sollte ebenfalls unbedingt ein Augenarzt (siehe Kapitel 3) aufgesucht und eine entsprechende Untersuchung veranlasst werden. Inwieweit so genannte Prismengläser sinnvoll einzusetzen sind, muss im Einzelfall entschieden werden. Sowohl eine neurologisch bedingte Schielstellung der Augen als auch Probleme, in langsamer oder schneller Bewegungsfolge mit den Augen gedachte Linien, z. B. Textzeilen abzufahren, können mit folgenden beiden Übungen verbessert werden: Das Kind soll sich bewegende Gegenstände bzw. Licht mit den Augen verfolgen (als Alternativen sind auch einzusetzen: Kullerbahn, Auto mit Fernbedienung u. Ä.), wobei die Beendigung dieser Übung durch eine Bewegung von vorne auf die Nasenspitze zu erfolgen sollte. Oder: Bei der Bewegungsform der liegenden Acht soll das Kind den Händen hinterher schauen.

Auf die einzelnen Detailfunktionen im Bereich der optischen Wahrnehmung wurde bereits in Kapitel 3 „Die Diagnosestellung" eingegangen. Hierauf beziehe ich mich im Folgenden bei den entsprechenden Übungen:

Optische Differenzierungsschwäche

Bei einer optischen Differenzierungsschwäche können zunächst Spiele mit Konzentrationsaufgaben herangezogen werden, wie z. B. „Memory" (mit sehr ähnlichen Bildmotiven) oder so genannte Suchbilder (zwei Bilder unterscheiden sich lediglich in wenigen herauszufindenden Details); für ältere Kinder sind auch Aufgaben aus dem so genannten Hirnleistungstraining von Petra Rigling hilfreich.

Entsprechend der jeweiligen Schwierigkeiten in Bezug auf Buchstaben oder Formen können zusätzlich so genannte Legasthenie-unterlagen, z. B. von der Firma Schubi, zum Einsatz kommen. Sie sind auch bei der *optischen Gliederungsschwäche* einzusetzen – ebenso wie einige der Aufgaben aus dem Hirnleistungstraining.

Gerade bei der optischen Gliederungsschwäche, die es dem Kind erschwert, sinnvoll gliedernd und verstehend zu lesen, gibt es hilfreiche Übungsmöglichkeiten: Schwerpunktmäßig empfehle ich das Lesen der bereits in Kapitel 3 beschriebenen „Unsinnstexte". Je ernster solche Übungen gestaltet werden, desto eher stoßen sie auf die Ablehnung des Kindes. Am besten ist es, wenn zusammen mit der Mutter eine spezielle Liste der hier beschriebenen Übungen erarbeitet wird und das Kind sich jeweils für jeden Nachmittag drei dieser didaktischen Übungen auswählen kann.

Mit Spielen kann die Fähigkeit zur optischen Differenzierung verfeinert werden.

Die *optische Behaltensschwäche* beeinträchtigt das *Wortbildgedächtnis:* Das Kind hat noch große Probleme, sich die Schreibweise von Wörtern vor dem „inneren Auge" vorzustellen. Folgende Übung ist in dieser Situation zu empfehlen: Das Kind soll entsprechende Wörter, z. B. gerade Problemwörter wie „vielleicht", mit der Hand *„in die Luft schreiben" und diesem Schriftzug mit den Augen folgen:* Man nimmt einen Stift oder schreibt den Schriftzug des Wortes mit dem Zeigefinger in die Luft, während man den geschriebenen Buchstaben „hinterher schaut" und sie sich somit vor dem „inneren Auge" einzuprägen versucht. Diese Wörter können mit dem Rechtschreibtraining über das so genannte Karteikartensystem (siehe 108) kombiniert werden.

Optische Rechts-Links-Unsicherheit –
ausgedrückt durch die Ordnungsschwelle

Erinnern wir uns: Sowohl die Möglichkeit zu differenzieren (und zwar über die reine Rechts-Links-Differenzierung hinaus) als auch zu gliedern sowie weitere Fertigkeiten, wie z. B. die so genannte Figur-Grundwahrnehmung, hängen mit der Ordnungsschwelle zusammen (siehe Seite 46). Das Gleiche gilt für den Umgang mit Geometrie (hierbei muss man nach allen Seiten differenzieren und gliedern) als auch für den Umgang mit Größen, Formen und Mengen.

Eine gute Ordnungsschwelle ist eine wichtige Voraussetzung für die optische Wahrnehmung.

Die optische Ordnungsschwelle, die somit eine grundlegende Fertigkeit in Bezug auf sämtliche darauf aufbauenden Differenzierungsmöglichkeiten darstellt, sollte unbedingt normalisiert werden. Die Werte der Ordnungsschwelle sind altersabhängig. Die Normwerte sind für den optischen sowie den akustischen Bereich identisch: Für ein zehnjähriges Kind sowie für ältere Kinder, Jugendliche und Erwachsene sind Werte zwischen 30 und 40 Millisekunden als Normalwerte anzusehen. Eine ungefähre Richtgröße erhält man, wenn man für jedes Jahr, welches ein Kind jünger als zehn Jahre ist, eine Erhöhung der Ordnungsschwelle von jeweils zehn Millisekunden akzeptiert. Um die Ordnungsschwelle zu verbessern, gibt es mehrere Möglichkeiten – Kreuzmuster-Übungen sowie gezieltes Ordnungsschwellentraining in verschiedenen Variationen.

Die Erfahrung zeigt, dass sich bis zu einem gewissen Grad die Ordnungsschwelle allein durch intensive Kreuzmuster-Übungen (wobei allerdings die gesamte Reihe erforderlich ist und nicht nur das Kreuzmuster-Gehen) verbessern lässt. Dies kann vermutlich dadurch erreicht werden, dass gerade beim Kreuzmuster-Patterning und beim Robben eine ausgesprochen intensive Zusammenarbeit beider Hirnhälften trainiert wird.

Bei seinem ersten Vorstellungstermin in meiner Praxis war Rico 16 Jahre alt und in der neunten Klasse auf der Realschule. Seine Schwestern beschrieben ihn wohl recht charakteristisch mit den Worten: „Montags hat unser Bruder vor lauter Fernsehen am Wochenende viereckige Augen." Er war ein technisch-mathematisch interessierter Schüler, der jedoch enorme Schwierigkeiten beim Lesen und in der Rechtschreibung hatte, bei gleichzeitig bestehender Aufmerksamkeitsstörung (diese jedoch typischerweise für ihn nicht im Fach Mathematik, aber in Deutsch). Selbstredend war beim ersten Vorstellungstermin die Kreuzmuster-Reihe nicht vollständig, die optische Ordnungsschwelle lag bei 80 msec (die akustische bei 110 msec). Bereits nach drei Monaten intensiver Kreuzmuster-Übungen normalisierte sich die optische Ordnungsschwelle, daran anschließend die Kreuzmuster-Reihe und nach ca. zwei Jahren als Letztes auch die akustische Ordnungsschwelle. Parallel dazu verbesserte sich seine Rechtschreibleistung kontinuier-

lich. In dieser Zeit wurde er zu einem begeisterten Leser. Dickste und auch anspruchsvolle Bücher interessierten ihn nun. Lesen wurde neben dem neu begonnenen Klavierspiel zu seinem Hobby. Inzwischen zeigt er in den hier beschriebenen Tests keinerlei Auffälligkeiten mehr. Er bereitet sich gerade im Rahmen der zwölften Klasse auf das Abitur vor. Zwischenzeitlich gab es bei ihm eine Phase, in der er zwar keinerlei Wahrnehmungsstörungen mehr zeigte, aber infolge der durch seine verminderte Wahrnehmung und seine reduzierte Aufmerksamkeitsspanne entstandenen Lücken noch gewisse Rechtschreibprobleme hatte. Diese bekam er weitgehend in den Griff, indem er vor dem Wechsel auf die gymnasiale Oberstufe systematisch die Grundlagen der deutschen Rechtschreibung, somit sozusagen das Grundschulwissen, paukte.

Zur Ergänzung und Intensivierung ist der Einsatz eines so genannten Ordnungsschwellentrainers (z. B. Brain-Boy bzw. Brain-Boy-Universal der Firma MediTECH) denkbar. Ein solcher Ordnungsschwellentrainer spricht die Kinder schon durch seine Aufmachung, die sehr einem Computerspiel ähnelt, an. Dieses Ordnungsschwellentraining sollte möglichst ein- bis zweimal am Tag für wenige Minuten durchgeführt werden.

Spezielle Geräte helfen, die Ordnungsschwelle zu trainieren.

Durch diese Kombination von Kreuzmuster-Übungen und Ordnungsschwellentraining lässt sich die Ordnungsschwelle bereits in zwei bis drei Monaten beeindruckend verbessern. Bei den meisten Kindern kann eine entsprechende Reihenfolge festgestellt werden: Zunächst verbessert sich die Kreuzmuster-Reihe, anschließend die Ordnungsschwelle und schließlich die entsprechenden schulischen Fertigkeiten.

Entscheidend ist es, den richtigen Schwierigkeitsgrad des Ordnungsschwellentrainers auszuwählen. Denn die Geschwindigkeit der Signalfolgen darf ein Kind nicht überfordern, da es hierdurch die Freude am Umgang mit diesem Gerät verlieren würde. Bei dem so genannten Brain-Boy muss man sich bezüglich der Auswahl des Geräts auf einen Schwierigkeitsgrad festlegen (dieser kann allerdings im Nachhinein vom Hersteller wieder verändert werden). Bei dem so genannten Brain-Boy-Universal sind von vornherein mehrere Schwierigkeitsgrade (und darüber hinaus noch weitere Funktionen) in das Gerät eingebaut, so dass die Auswahl fließend getroffen werden kann.

Nicht nur im Vorschulalter, sondern auch in den ersten Schulklassen gibt es noch Kinder, deren Ordnungsschwelle so stark beeinträchtigt ist, dass sie mit diesen Geräten (auch mit der langsamsten Version) nicht zurechtkommen. Ihnen fällt das Lesen sehr schwer – mit der Folge, dass sie kaum zum Lesen zu motivieren sind und ihnen hierdurch wiederum die erforderliche Übung fehlt. Bei diesen Kindern beginne ich das Ordnungsschwellentraining mit einem von mir so genannten *Rechts-Links-Training mit zwei Taschenlampen:* Zunächst wird nur eine dieser beiden Taschenlampen für einen kurzen Moment eingeschaltet und das Kind muss auf die Seite deuten, auf der sich diese Taschenlampe befindet. Nach einer gewissen Zeit, evtl. bereits nach wenigen Tagen oder Wochen, erfolgt der Übergang zu folgender Variation: Jetzt werden nacheinander für einen kurzen Moment beide Taschenlampen eingeschaltet, und das Kind muss auf die Seite deuten, auf der die Taschenlampe zuerst eingeschaltet worden ist.

Wie bei dieser beschriebenen Übung kann bei Bedarf auch die entsprechende Vorgehensweise mit „oben" und „unten" und diagonalen Richtungen gewählt werden, um so die gesamte optische Differenzierung mit Gliederung in Bezug auf die unterschiedlichsten Details oder auch die Figur-Grundwahrnehmung zu verbessern.

Die Verbesserung der akustischen Wahrnehmung

Wie beim Thema „Anamnese" (siehe Seite 22 ff.) schon erwähnt, ist die Information, inwieweit das Kind unter rezidivierenden (häufig wiederkehrenden) Mittelohrentzündungen gelitten hat oder gar noch leidet, sehr wichtig. Denn während einer solchen Mittelohrentzündung, auch wenn sie nicht eitrig und nicht fieberhaft verläuft, kann das Gehör beeinträchtigt sein. Anamnestisch ist dies eine Zusatzinformation. Für die Zukunft ist darüber hinaus jedoch noch entscheidend, dass keine weiteren Mittelohrentzündungen mehr auftreten oder zumindest jeweils nur so kurz wie möglich und möglichst ohne

Beeinträchtigung des Gehörs. Darum empfehle ich bei hierzu veranlagten Kindern, möglichst konsequent auch nur bei dem geringsten Verdacht einen HNO-Arzt aufzusuchen und eine entsprechende Therapie einzuleiten. Dies gilt sowohl für Kinder mit noch reduziertem als auch mit altersentsprechendem Sprachverständnis.

Wiederum orientieren sich die von mir in diesem Kapitel erwähnten Übungen an den in Kapitel 3 erwähnten Detailfunktionen, die es bei Bedarf zu verbessern gilt und die zum einen ebenfalls auf Warnke zurückgehen und zum anderen durch meine eigene Praxiserfahrung ergänzt werden.

Tonhöhen-Diskrimination

Da gerade zur Erfassung der Sprachmelodie mit Betonung, Fragestellung usw., besonders jedoch für eine korrekte Rechtschreibung die automatisierte Registrierung der Tonhöhe von Bedeutung ist, empfehle ich folgendes spielerische Vorgehen: *Man gibt dem Kind zwei zunächst weit auseinander liegende Töne (z. B. über eine Blockflöte oder auch Klavier) vor, und es soll nun entscheiden, ob die Reihenfolge hoch/ tief oder tief/hoch war.* Je nach Fertigkeit verringert man den Abstand dieser Töne und auch die Zeitdauer zwischen den Tönen.

Eine gute Übung besteht darin, das Kind unterschiedliche Töne hören und bestimmen zu lassen.

Ein entsprechendes Training kann wiederum über den Brain-Boy-Universal erfolgen und zwar durch den darin integrierten „SoundBoy". Hierbei liegen die Signale allerdings auch bei der leichtesten Einstellung so eng beieinander und erfolgen so schnell aufeinander, dass die meisten Kinder mit *minimalen Teilleistungsstörungen* große Probleme damit haben.

Aus diesem Grund beginne ich sehr häufig mit der hier beschriebenen Vorübung und wechsle im weiteren Verlauf auf das Training mit dem Gerät über.

Die akustische Differenzierungsschwäche

Dieses Problem kommt, wie oben erwähnt, häufig bei ähnlich klingenden Lauten zum Tragen (z. B. im Diktat die Unterscheidung von „g" und „d" oder „k" und „t"). Da hierfür die Beeinträchtigung in der Tonhöhen-Diskrimination verantwortlich ist, kann sich diese akustische

Differenzierungsschwäche gezielt über die Verbesserung der Tonhöhen-Diskrimination bessern. Gleiches gilt für die akustische Gliederungsschwäche, wobei hier hinzukommt, dass für eine exakte Gliederung des Gehörten ein gewisses Rhythmusgefühl erforderlich ist.

Rhythmische und akustisch motorische Probleme

Auch das Rhythmusgefühl lässt sich trainieren.

Das Rhythmusgefühl muss natürlich nicht so ausgeprägt sein wie bei einem Musiker. Auch wer Probleme hat, „Synkopen vom Blatt zu spielen", kann trotzdem eine ausgezeichnete Rechtschreibung sein Eigen nennen. Aber die Verinnerlichung auch längerer und schwieriger Wörter fällt sowohl in Bezug auf deren korrekte Aussprache als auch deren korrekte Schreibweise leichter mit einem gewissen Rhythmusgefühl. Man kann eben nicht sagen: Entweder man hat's oder man hat's nicht! Denn zumindest bis zu einem gewissen Grad lässt sich auch das Rhythmusgefühl verbessern und trainieren. So z. B. durch spezielle Rhythmikübungen – sei es über musikalische Früherziehung, das Erlernen eines Instruments oder über den gezielten Einsatz des Brain-Boy-Universal mit seinem „Sound-Boy". Alle diese genannten Beschäftigungen trainieren nicht nur das Rhythmusgefühl an sich, sondern gleichzeitig die akustisch-motorische Geschicklichkeit, somit rhythmische Bewegungen.

Silben-Diskrimination (phonematische Diskrimination) und phonetische Merkfähigkeit bei akustischer Behaltensschwäche

Das Nachsprechen sinnfreier Silbenketten fördert die akustische Wahrnehmung und Merkfähigkeit.

Silbenketten erfordern bezüglich der akustischen Wahrnehmung nicht nur eine korrekte Gliederung, sondern auch eine gewisse Merkfähigkeit, will man diese längeren Unsinnswörter wiederholen oder nach Diktat niederschreiben. Ist diese Detailfunktion der akustischen Wahrnehmung eingeschränkt, muss man sowohl das klare Heraushören sprachlicher Details als auch deren Behalten trainieren. Dies geschieht am besten über folgende Trainingsmaßnahmen:

Silbentraining mit sinnfreien Mehrsilbern

Man spricht dem Kind zunächst Mehrsilber vor, die es gerade noch gut wahrnehmen und wiedergeben kann. Daran anschließend erfolgt ein möglichst baldiger Übergang zu längeren Mehrsilbern bis zu Sechssilbern. Das Kind soll diese Silbenketten nachsprechen, was es nur kann, wenn die akustische Wahrnehmung entsprechend differenziert arbeitet. Um das Training zu erleichtern, ist es sinnvoll, die unterschiedlichsten Silben hintereinander mehrzeilig auf ein Blatt zu notieren, so dass man sich die Silben als „Trainer" nicht merken muss, sondern ablesen kann.

Da bei diesem Silbentest nicht nur die phonematische Diskrimination, sondern auch das Kurzzeitgedächtnis eine Rolle spielt, empfehle ich zusätzlich als Training – weitgehend unabhängig vom Kurzzeitgedächtnis – ein:

Silbentraining mit sinnfreien Zweisilbern als so genanntes Trennschärfe-Training über: *evi, ewi, edi, egi etc.*

Dies entspricht in der Durchführung dem Trennschärfe-Test nach Warnke. Bei größeren Problemen werden diese Silben vorgesprochen (Achtung: Hand vor den Mund des Trainers halten). Kommt ein Kind jedoch mit der Trainings-CD („Einsicht in das Warnke-Verfahren") gut zurecht, ziehe ich diese vor, da das Trainings-Niveau ein höheres ist.

Akustische Aufmerksamkeit bzw. Cocktail-Party-Effekt

Viele Kinder mit Problemen, Geräusche herausfiltern zu können, erleben die schulischen Diktate immer wieder wie einen Schock, da sie bei der häuslichen Übungssituation in ruhiger Umgebung davon ausgehen konnten, diese Texte bereits zu können. Aus diesem Grund halte ich es für wichtig, die entsprechenden Diktate, nachdem sie geübt worden sind und vom Kind gekonnt werden, auch in unruhiger Umgebung zu diktieren, damit sich das Kind bereits vorab zu Hause an eine solche etwas unruhigere Umgebung gewöhnen kann. Auch kommt es immer wieder zu der Situation, dass die Mutter daheim mit dem Kind immer an demselben Platz die Diktate übt, so dass ihre Stimme immer von derselben Richtung auf das kindliche Gehör trifft. Der Lehrer in der Schule wechselt jedoch häufig beim Diktat seinen Platz, so dass die Qualität seiner Stimme je nach Störgeräuschen, die von Klassenkameraden, aber auch von der Straße als Umgebungslärm auf das Kind einströmen können, unterschiedlich klingt. Somit kann es auch sinnvoll sein, dass die Übungsdiktate daheim nicht von einer Stelle aus, sondern beim Umhergehen diktiert werden, was nebenbei das Richtungshören fördert.

Diktate im Klassenverband erfordern häufig die Fähigkeit, Geräusche herausfiltern zu können.

Richtungshören

Als spezielle Übung zur Verbesserung des Richtungshörens kann man die Funktion „Sound-Boy" des Brain-Boy-Universal einsetzen. Bei Kindern, die hiervon noch überfordert sind, empfehle ich dieselbe Vorgehensweise wie unter der Austestung des Richtungshörens beschrieben (siehe Seite 58).

Clemens hatte ein stark ausgeprägtes ADHS mit Lese-Rechtschreib-Schwäche und Dyskalkulie. Unter anderem (z. B. neben der Kreuzmuster-Anbahnung, Ordnungsschwelle und Fingergeschicklichkeit) war sein feines Richtungshören massiv beeinträchtigt. Besonders gravierend war für ihn jeweils die Situation, wenn beim Diktat die Lehrerin nicht nur im Klassenzimmer hin und her ging, sondern obendrein noch hinter ihm stand oder sogar hinter ihm herumging. Jetzt verstand er so gut wie nichts mehr und verlegte sich beim Schreiben mehr oder weniger auf das Raten. Zunächst trainierte er unter anderem das Richtungshören über die erwähnten Drehstuhlübungen und auch über zwei vorgegebene Lärmquellen, dann konsequent (innerhalb des Gesamtprogramms) über den Brain-Boy-Universal. Zusätzlich wurde, nachdem bereits eine gewisse Verbesserung eingetreten war, in das Übungsprogramm aufgenommen, dass seine Mutter bei den Übungsdiktaten ebenfalls nicht an ein und derselben Stelle sitzen blieb, sondern im Raum herumging. Allerdings muss bei dieser zusätzlichen Übungsvariante unbedingt darauf geachtet werden, dass die jeweiligen Diktate bereits geübt sind und nicht zu viele neue Details das Kind noch zusätzlich überfordern.

Die Dyskalkulie hat sich bei Clemens bereits deutlich verbessert. So deutlich, dass aus diesem Grund eine Minderbegabung durch die Schule ausgeschlossen und ein ADHS mit noch bestehender LRS anerkannt wurde. Auch das ADHS und die LRS werden zunehmend geringer in der Ausprägung, was Clemens und seine Familie insgesamt motiviert durchzuhalten.

Akustisches Ordnungsschwellentraining

Parallel zu einem eingeschränkten feinen Richtungshören ist häufig auch die so genannte akustische Ordnungsschwelle erhöht. Die prinzipiellen Aussagen bezüglich der Ordnungsschwelle und des

Ordnungsschwellentrainings sind sowohl für den optischen als auch für den akustischen Bereich gleich. Wiederum gilt, dass sich die Ordnungsschwelle bereits allein durch intensive Kreuzmuster-Übungen verbessert. Ergänzend hierzu kann jedoch ein so genannter Ordnungsschwellentrainer (entweder Brain-Boy oder Brain-Boy-Universal) mit entsprechendem Schwierigkeitsgrad eingesetzt werden. Wegen der speziellen anatomischen Verhältnisse lässt sich die akustische Ordnungsschwelle, wenn sie deutlich stärker eingeschränkt ist als die optische, nicht nur isoliert trainieren, sondern auch über die Parallelschaltung beider Signale: Jetzt hört und sieht das Kind die Signale gleichzeitig. Zumindest nimmt das Kind diese Signale gleichzeitig wahr. In Wirklichkeit verhilft das optische Signal der Entscheidung für das akustische Signal auf die Sprünge.

Ist im akustischen Bereich die Ordnungsschwelle so stark beeinträchtigt, dass sie standardisiert nicht getestet werden kann, empfehle ich ebenfalls eine Vorübung, die dem so genannten „Taschenlampen-Training" (siehe Seite 96) entspricht: Hinter dem Rücken des Kindes wird zunächst eine Geräuschquelle entweder rechts oder links betätigt, und das Kind soll entscheiden, auf welcher Seite es das Geräusch gehört hat. Erfolgt dieses vereinfachte Richtungshören (siehe oben) korrekt, geht man dazu über, die beiden Signale kurz hintereinander zu betätigen. Auf diese Weise erreicht man, dass die Ordnungsschwelle sich allmählich in den Bereich hinein bessert, der dann spielerisch über die langsamste Version des Brain-Boy erfasst werden kann.

Klaus wurde mir in der vierten Klasse einer Regelgrundschule vorgestellt. Während ihm Mathematik wenig Probleme (lediglich bei Textaufgaben!) bereitete, konnte er die einfachsten Diktate nur mit vielen Fehlern bewältigen. Auch passierte es ihm immer wieder, dass er ein Wort, z. B. „vielleicht", in ein und demselben Text in drei verschiedenen Variationen schrieb. Endungen ließ er häufig weg, gedehnte und verkürzte Laute konnte er nicht unterscheiden. Mit dem Lesen hatte er ebenfalls Probleme – sowohl laut als auch still für sich. Kreuzmuster-Übungen von Anfang an, das Training der Ordnungsschwelle (über Brain-Boy, langsame Version, die nach drei Monaten durch die Stan-

dardversion ausgetauscht wurde) ab dem zweiten Termin sowie das Training der weiteren akustischen Detailfunktionen brachten eine enorme Verbesserung:

Zunächst schrieb Klaus in Diktaten die Wörter häufig auch dann ohne Endungen, wenn man diese beim Diktat „überbetonte". Der erste Schritt in die richtige Richtung war erreicht, als er diese Endungen bei häuslichen Diktaten heraushören und somit auch korrekt schreiben konnte. Inzwischen gelingt ihm dies auch bei schulischen Diktaten, die mit normaler Betonung gesprochen werden, immer besser. Klaus gehört inzwischen in seiner Hauptschulklasse zu den Besten, so dass sein Ziel – der Wechsel auf die Werk-Realschule – sicherlich von ihm erreicht werden kann.

Diese Entwicklung zeigt, dass zunächst bei Klaus keinerlei akustische Aufmerksamkeit in Bezug auf diese Endungen bestand. Allmählich entwickelte er die Fähigkeit, genauer hinzuhören, so dass er diese Details immer besser heraushören konnte. Inzwischen ist es gelungen, über die Verbesserung der akustischen Detailfunktionen *und* die akustische Prägung der Endungen, dieses Diktatproblem zu lösen. Wiederum ging zunächst der sichtbaren Verbesserung in der schulischen Leistung die korrekte Anbahnung der Kreuzmuster-Reihe voraus.

Die Verknüpfung zwischen akustischer und optischer Wahrnehmung

Das Auswendiglernen von Reimen und Liedern schult das Gedächtnis in besonderer Weise.

Die Verknüpfung zwischen akustischer und optischer Wahrnehmung stellt sich zunehmend besser ein, wenn die hier beschriebenen Detailfunktionen konsequent trainiert werden und sich insgesamt bessern. Denn gerade bei Kindern, die aufgrund der Verbesserung sowohl im optischen als auch im akustischen Bereich zunehmend sicherer die gelesenen Texte verstehen, geschieht es ganz allmählich, dass sie sich beim Lesen von Texten auch die entsprechenden Bilder vor Augen vorstellen können.

Auch die *optische Behaltensschwäche in Kombination mit akustischer Behaltensschwäche* verbessert sich als Resultat der einzelnen Detailfunktionen. Allerdings kann es bei bestimmten Konstellationen zusätzlich zu den hier erwähnten Übungen sinnvoll sein, gezielte Konzentrations- oder Gedächtnisspiele einzusetzen (z. B. aus der Reihe Logli). Auch wenn es heute nicht mehr modern erscheint, Kinder Gedichte oder Lieder auswendig lernen zu lassen, halte ich dies für eine vortreffliche Methode, das Gedächtnis zu schulen – sowohl im optischen als auch im akustischen Bereich als auch gerade in der Kombination beider Bereiche zusammen. Ich bin der festen Überzeugung, dass, wäre dieses Auswendiglernen weiterhin Bestandteil des Kindergartens oder schulischen Alltags, die Probleme gerade meiner Patienten geringer sein dürften. Denn letztendlich stellt bei beeinträchtigter Wahrnehmung ein gutes Gedächtnis für die Schreibweise oder auch für Rechenergebnisse eine hervorragende Ersatzstrategie dar. Kinder mit einer solchen Ersatzstrategie werden erst sehr viel später in der Schule auffällig als Kinder, die zusätzlich noch diese Gedächtnisprobleme haben.

Die Bedeutung der Musikerziehung

Am Ende der Beschreibung der Übungspalette zur Verbesserung der akustischen Detailfunktionen angekommen, möchte ich noch darauf hinweisen, dass in der Musikerziehung genau diese Beschäftigung mit Tönen, Klängen und Rhythmik erfolgt.

Aktiv Musik zu machen sollte einen breiten Raum in jedem Kinderleben einnehmen.

Vergegenwärtigen Sie sich singende Kinder, sei es als Gruppe oder als Chor: In dem Bemühen, sauber mit den anderen zusammen zu singen, trainieren sie ihre *Tonhöhen-Diskrimination.* Sie trainieren auch *das fein abgestufte Richtungshören und die Ordnungsschwelle,* da die anderen Stimmen aus mehreren Richtungen und mit einer gewissen zeitlich versetzten Information versehen erklingen. Die Kinder müssen bezüglich ihres Rhythmus' auf die wichtigsten akustischen Signale achten und die weniger wichtigen ausblenden; dies schult das Filtern akustischer Signale. Zusätzlich ist die *Silben-Diskrimination und Silben-Differenzierung* erforderlich, denn der Text muss ebenfalls angeglichen werden. Berücksichtigt man außerdem, dass beim aktiven Musizieren beide Gehirnhälften nebeneinander bzw. in extrem schneller Folge abwechselnd eingesetzt werden, haben wir hier das Training für die *Zusammenarbeit beider Gehirnhälften.* In einem Chor oder Orchester dient das aufmerksame Beobachten des Dirigenten und das Umsetzen seiner optischen Signale in die akustische Ausführung dem Training der *Verknüpfung von optischen und akustischen Reizen*. Das Auswendiglernen der Texte oder von Notenfolgen ganzer Takte fördert das Gedächtnis. Beim Musizieren in einem Instrumental-Orchester kommen noch die *Schulung der Fingerfertigkeit* sowie über das Lesen der Noten etliche *Detailfunktionen im Bereich der optischen Wahrnehmung* hinzu. Berücksichtigt man diese Details in der Auswirkung des aktiven Musizierens, ist es nicht verwunderlich, dass Prof. Hans Günther Bastian als führender Musikwissenschaftler Deutschlands in einer groß angelegten Studie, die über sieben Jahre dauerte, herausgefunden hat, welch positive Auswirkung das intensive Musizieren auf die Gesamtentwicklung von Grundschulkindern hat. Diese Studie, welche auch in gekürzter Form erschienen ist, sollte Pflichtlektüre für alle Lehrer (nicht nur für Musiklehrer!) und für Erzieher werden. Allerdings sollten sich auch gerade die Eltern mit den Ergebnissen dieser Studie auseinander setzen. Denn die Eltern müssen diese Erkenntnisse umsetzen wollen, indem sie selbst wieder mehr mit ihren Kindern singen und in diesem Sinne auf die Kindergärten einwirken, aber auch, indem sie dem Schulfach Musik eine höhere Priorität als in den letzten Jahren einräumen. Kindergärten und Grundschulen erreichen so gut wie alle Kinder. Die Musikschulen erreichen leider immer noch nur relativ wenige Kinder. Gerade aus diesem Grund sollten sie weiter ausgebaut und gefördert werden. Somit sollten sich auch Politiker an diesen Ergebnissen orientieren, denn auch, wenn diese Vorsorge teuer ist, ist sie noch wesentlich billiger, als die entstandenen Probleme wieder zu richten. Insofern sollte nach Bastian die Forderung nicht lauten: „Für jedes Kind Zugang zu einem Computer", sondern „Für jedes Kind Zugang zu aktiver Musik!" Aufgrund der Erfahrung mit meinen ADS-/ADHS-Patienten kann ich diese Forderung nur unterstützen.

Zum Abschluss dieser Überlegungen noch eine provozierende Frage: Könnte es sein, dass durch die Vernachlässigung der aktiven Musik, im Kindergartenalter vornehmlich des Singens, die Problematik des hier beschriebenen ADS/ADHS (mit und ohne weitere minimale Teilleistungsstörungen) zumindest verschärft wird? Wenn ja, könnten Eltern kleinerer Kinder auch hier gezielt vorbeugend sowie spielerisch ansetzen und selbst wieder mehr mit ihren Kindern singen. Gleiches gilt für die Kindergarten- und Grundschulzeit. Durch solche Maßnahmen in der Intensivierung des Umgangs mit Musik könnte erreicht werden, dass die in diesem Buch beschriebenen Auffälligkeiten sicherlich seltener und auch bei den jeweiligen Kindern in einer nur geringeren Intensität anzutreffen wären.

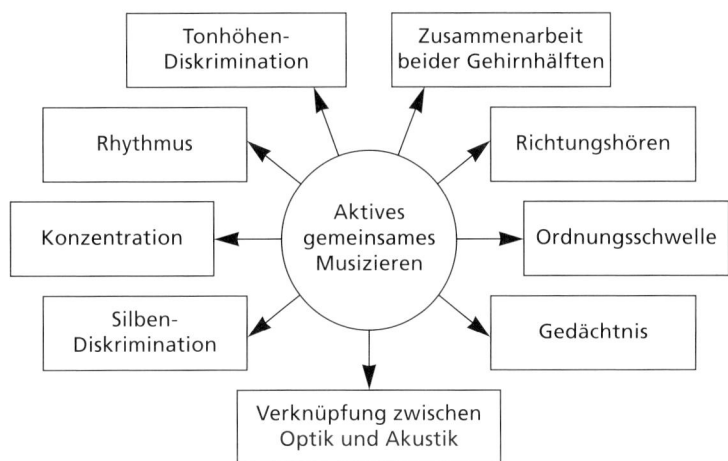

Abb. 46: Die Wirkung des aktiven gemeinsamen Musizierens auf die kindliche Entwicklung – auf Fertigkeiten, die für die schulische Entwicklung vonnöten sind

Die Samonas-Therapie

Da nun dieses intensive Lauschen auf Klänge und Musik von so grundlegender Bedeutung ist, setze ich, gerade, wenn einzelne akustische Detailfunktionen besonders stark beeinträchtigt sind oder die starke Beeinträchtigung sich über alle diese Detailfunktionen verteilt, zur Verbesserung der akustischen Wahrnehmung auch die Samonas-Therapie ein. Im Gegensatz zur Tomatis-Therapie kann die Samonas-Therapie jedoch nach Anleitung durch einen Therapeuten daheim durchgeführt werden, so dass Besuche in einem therapeutischen Institut für mehrere Tage hintereinander nicht erforderlich sind. Entsprechend der Situation des Kindes können die CDs zu einem Therapieplan zusammengestellt werden. Zusätzlich sind jeweils bei Bedarf so genannte lateralisierte CDs, auf denen die im Rahmen der Samonas-Technik speziell veränderte Musik von einem Ohr zum anderen wandert, einzusetzen. Die Samonas-Therapie

Auch spezielle Therapien bauen auf Musik auf.

105

wurde von Ingo Steinbach, einem Physiker und Tonmeister, aufbauend auf der Tomatis-Therapie, entwickelt. Sie arbeitet mit durch Obertöne angereicherter Musik (meistens Mozart und Zeitgenossen), wodurch die akustische Wahrnehmung verbessert wird.

Das Training von Sprache und Mundmotorik

Vorrangig ist auch zur Verbesserung der sprachlichen Ausdrucksfähigkeit die Förderung der Wahrnehmung.

Da die Übungen im Bereich der Logopädie allgemein bekannt sind, seien sie nach Castillo-Morales, Padovan oder auch Schmid-Giovannini, soll im Rahmen dieses Buches nicht näher darauf eingegangen werden. Anzumerken ist, dass auch bezüglich dieser Übungen wesentlich mehr und schnellere Fortschritte zu erwarten sind, wenn die Übungen nicht nur im Rahmen der logopädischen Einheit in der therapeutischen Praxis, sondern konsequent täglich daheim durchgeführt werden.

Auch bei Kindern, die in ihren Aufsätzen eine ausgefeilte Ausdrucksfähigkeit bzw. Sprachgewandtheit vermissen lassen, sind entsprechende Übungen in meinen Augen nicht von vorrangiger Bedeutung, denn all diese Techniken zur Verbesserung des Aufsatzstils können erst dann von einem Kind wirkungsvoll eingesetzt werden, wenn es den Kopf dafür frei hat, also, wenn es von der optischen und akustischen Wahrnehmung her sowie auch bezüglich der Fingergeschicklichkeit dazu in der Lage ist. Allerdings sollte bereits in dieser Phase dem Kind viel Gelegenheit gegeben werden, sich mündlich zu äußern, so dass es seine Sprachgewandtheit trainieren kann.

Die Förderung der Intelligenz

Wie bereits mehrfach erwähnt, ist bei Kindern mit einer Aufmerksamkeits-Defizit-Störung, sei es mit oder ohne Lese-Rechtschreib-Schwäche oder Dyskalkulie, nicht eine eingeschränkte Intelligenz die Ursache ihrer Probleme, sondern Schwierigkeiten in den unterschiedlichsten Wahrnehmungsbereichen, besonders häufig jedoch in der akustischen Wahrnehmung.

Die Schulschwierigkeiten sind somit lediglich Symptome anderer, tiefer liegender Ursachen, nämlich der Störungen in den einzelnen Wahrnehmungsbereichen. Denken Sie an die „Spitze des Eisberges", wie es Warnke formuliert hat (siehe Seite 50).

Markus wurde mir im Alter von fünf Jahren vorgestellt – wegen seiner Verhaltensauffälligkeit im Umgang mit anderen Kindern, einer Dyslalie, einer Dyspraxie sowie weiterer fein- und grobmotorischen Problemen und insgesamt einer deutlich reduzierten Aufmerksamkeitsspanne. Wegen dieser Probleme wurde den Eltern bereits vom Kindergarten mitgeteilt, dass Markus nach dem Kindergarten vermutlich in eine Sonderschule überwechseln sollte. Vor allem seine im Kindergarten extrem passive Haltung werde zunehmend zum Problem, da man kaum an ihn „rankomme", denn Markus verhalte sich „wie von einem anderen Stern". Auch könne man nicht immer nachvollziehen, was Markus aufnehme und verarbeite.

Beim ersten Vorstellungstermin zeigten sich eine unvollständige Kreuzmuster-Reihe, Koordinationsstörungen, eine Gleichgewichtsüberempfindlichkeit, deutliche taktil-kinästhetische Probleme, Schwierigkeiten in den optischen und akustischen Detailfunktionen sowie etliche Aussprachefehler bei ansonsten fast altersentsprechender Sprache. Auch in seinem alltäglichen intellektuellen Verständnis und seiner Aufmerksamkeit bzw. Ausdauer war Markus hinter seinen Alter zurück, bei den bestehenden Wahrnehmungsstörungen wohl verständlich.

Um es gleich vorweg zu nehmen: Markus ist inzwischen in der ersten Klasse einer Regelgrundschule. Er gehört zur besseren Hälfte seiner Klasse. Im Zwischenzeugnis steht: „Markus ist ein kontaktfreudiger, aufgeschlossener und lebhafter Junge. Er hat sich in die Klassengemeinschaft eingeordnet und kommt jetzt mit den anderen Kindern meist gut aus ... Die Schule scheint ihm Freude zu machen ..."

Diese erfreuliche Entwicklung konnte erreicht werden durch den konsequenten und engagierten Einsatz seiner Mutter. Schwerpunktmäßig habe ich das Therapieprogramm auf die Anbahnung der Kreuzmuster-Reihe, die Verbesserung der taktil-kinästhetischen Wahrnehmung, der Fingergeschicklichkeit sowie des Gleichgewichts und der Körperkoordination aufgebaut. Zu einem späteren Zeitpunkt kamen

Schulschwierigkeiten sind bei ADS-/ADHS-Kindern nicht Folge mangelnder Intelligenz, sondern Folge von Wahrnehmungsproblemen.

107

gezielte Übungen zur Verbesserung der optischen und akustischen Detailfunktionen hinzu.

Die Samonas-Therapie stellte bei Markus eine sinnvolle Ergänzung zum gesamten Therapieprogramm dar, zum einen zur Entspannung, da er diese Musik immer sehr gerne hörte, zum anderen aber auch zur Verbesserung der gesamten akustischen Wahrnehmung.

Markus' Aufmerksamkeit und Ausdauer hatten sich bereits bis zum zweiten Vorstellungstermin wesentlich gebessert. Seine Wahrnehmungsstörungen haben sich noch nicht vollständig gegeben. Gerade wegen der steigenden Anforderungen in der Schule sollten die Übungen noch beibehalten werden, wobei es wichtig ist, sie entsprechend der sich verändernden schulischen Situation jeweils anzupassen.

Folgende Übungselemente empfehle ich noch, je nach Bedarf als ergänzende, aber nicht als zentrale Maßnahmen: Die Kinder sollten sowohl das „Kleine 1 x 1" als auch die in der Grundschule so bezeichneten Lernwörter jeweils auswendig lernen. Dies kann bei den Lernwörtern am effektivsten über ein so genanntes Karteikartensystem, welches in vielen Schulen bereits zum Einsatz kommt, erfolgen. Weitere Hinweise bezüglich spielerischer Übungselemente, die als Ergänzung zu meinen Therapieprogrammen herangezogen werden können, sind aus z. B. folgenden Büchern zu entnehmen: Praxisbuch Legasthenie und Praxisbuch Dyskalkulie, jeweils aus dem Schubi-Verlag.

Spezielles Gedächtnistraining

Ein spezielles Gedächtnistraining kann hilfreich sein. Aber das Gedächtnis verbessert sich auch sehr oft alleine durch die Verbesserung der Wahrnehmungsbereiche.

Gedächtnisübungen, z. B. aus den unterschiedlichsten Lernheften, können das Programm abrunden.

Das akustische Gedächtnis lässt sich gezielt über folgende Übungsvarianten fördern: Zum einen können dem Kind immer wieder die unterschiedlichsten Ziffern oder auch Zahlen nacheinander vorgesprochen werden, und das Kind muss diese wiederholen. Dies ist besonders dann sinnvoll, wenn das akustische Zahlengedächtnis betroffen ist.

Bei der Beeinträchtigung des Wortgedächtnisses empfiehlt sich als Abwechslung, gerade bei kleineren Kindern, folgende Variante:

Altbekannte Spiele wie z. B. „Ich packe meinen Koffer und nehme mit …" oder auch „Ich gehe auf den Markt und kaufe ein …" sind hier eine wertvolle Hilfe. Diese Spiele bauen alle auf demselben Muster auf: Die erste Person packt einen Gegenstand in den Koffer oder kauft Lebensmittel ein, die zweite Person wiederholt dieses erste Wort und fügt ein zweites hinzu, die dritte Person wiederholt die ersten beiden Wörter und fügt ein drittes hinzu usw.

Größeren Schulkindern kann man natürlich mit dieser Art von Spielen nicht mehr imponieren. Mit etwas Einfallsreichtum findet man jedoch auch für diese Altersklasse andere Möglichkeiten, sei es das Auswendiglernen von Gedichten, entweder allein über den Klang oder über den Klang und das Lesen gleichzeitig. Texte der neuesten Songs können selbstverständlich ebenfalls herangezogen werden. Siehe zu diesem Thema auch „Optische Behaltensschwäche kombiniert mit akustischer Behaltensschwäche" Seite 102 f.

Ebenfalls kann man das akustische Gedächtnis über das auf Seite 98 f. erwähnte Silbentraining mit sinnfreien Mehrsilbern trainieren, da bei diesem Training nicht nur das reine exakte Gehör, sondern auch die Merkfähigkeit von mehreren aufeinander folgenden Silben trainiert wird.

Gerade wenn Kinder deutliche Probleme in einem Bereich haben – also entweder optisch oder akustisch – hilft es weiter, beim Training zunächst beide Bereiche miteinander zu kombinieren.

Diese Trainingseinheiten bezüglich des Gedächtnisses halte ich auf der einen Seite für sinnvoll. Auf der anderen Seite stelle ich sie jedoch meistens zurück, bis sich die Wahrnehmungsbereiche an sich verbessert haben. Denn dann tritt sogar häufig das Phänomen ein, dass sich allein hierüber das Gedächtnis bereits gebessert hat.

Auch wenn es sich hierbei um keine spezielle Übung, sondern um ergänzende Maßnahmen handelt, möchte ich Folgendes noch erwähnen: Bei anerkannter Lese-Rechtschreib-Schwäche ist es möglich, z. B. Diktate oder auch Rechtschreibfehler in Aufsätzen mit untergeordneter Bedeutung in die Deutschnote einzubringen. Dies halte ich dann für sinnvoll, wenn eine schlechtere Note die weitere Schullaufbahn drastisch verändern oder gefährden würde. Eine gesonderte Bewertung sollte jedoch nicht bereits zu einem Zeitpunkt stattfinden,

Ob eine Lese-Rechtschreib-Schwäche bei der Notengebung berücksichtigt werden soll, muss im Einzelfall genau überlegt werden.

zu dem keine wichtige Entscheidung dieser Art ansteht. Denn sehr schnell kann eine solche Benotung auch dazu führen, dass das jeweilige Kind den Eindruck erhält, gezieltes Üben sei jetzt nicht mehr nötig, da die Probleme über die Noten nicht offensichtlich werden.

Eine solche Entscheidung bedeutet immer eine Gratwanderung zwischen Demotivation durch Frustration und Enttäuschung auf der einen Seite und auf der anderen Seite Demotivation durch Realitätsferne bei Besserbewertung. Die Entscheidung kann nur in Zusammenarbeit mit den Eltern und der Schule getroffen werden, jeweils abgestimmt auf die individuelle Situation und besonders auch auf den individuellen Charakter des Kindes.

So teilte mir die Mutter von Franziska mit, dass ihre Tochter sich in letzter Zeit komplett verweigere – sowohl beim Helfen in der Familie (worauf besonders Franziskas Bruder wegen der geschwisterlichen Gleichbehandlung Wert legt) als auch bei den Hausaufgaben und bei den von mir vorgegebenen Übungen. Diese Situation sei für alle sehr belastend, vor allem, da sich nach anfänglich konsequenter Therapie bereits deutliche Verbesserungen eingestellt hatten – sowohl was die Aufmerksamkeitsspanne als auch die schulischen Leistungen im Lesen, Schreiben und Rechnen anbelangt. Der Klassenlehrer war der Meinung, das Mädchen sei von den Übungen überfordert und solle auf das Therapieprogramm verzichten. Was tun?

Der Untersuchungsbefund ergab trotz eingetretener Verbesserungen noch deutliche Beeinträchtigungen in den optischen und akustischen Detailfunktionen bei inzwischen fast korrekter Kreuzmuster-Reihe.

In den Diktaten hatte sich zwar die Fehlerzahl deutlich verringert, aber die Benotung sich nur bis auf „mangelhaft" verbessert. Im Fach Mathematik war Franziska schneller und konzentrierter geworden, die Noten lagen jetzt meistens bei „3". Im Fach Heimat- und Sachkunde stand Franziska bei „1–2". Bei diesem Notenspiegel waren Frustrationen in den höheren Klassen und auch bei der Berufswahl vorherzusehen, wenn sich nicht noch weitere Verbesserungen einstellen würden.

Ich sprach die ganze Situation mit Franziska und ihrer Familie durch und erreichte folgendes Ergebnis: Franziska erklärte sich dazu bereit, ihr Therapieprogramm sowie die Hausaufgaben als auch gewis-

se Haushaltspflichten zu erledigen. Ich versprach als Gegenleistung, den Klassenlehrer zu bitten, auf eine Benotung in Franziskas Problemfächern zu verzichten. Franziska willigte mit Handschlag ein. Wenige Wochen später rief mich die Mutter an: Franziska hatte im Aufsatz eine „2–3" geschrieben, da die Rechtschreibfehler nicht gewertet wurden. Diese Note bewirkte Wunder, denn am nächsten Tag schrieb sie eine „1–2" in Mathematik! Auch wenn es sicherlich nicht so „schnurstracks" weiter aufwärts gehen wird, sondern immer wieder Kompromisse gefunden werden müssen, hat mir dies wieder einmal deutlich gezeigt, dass das Wort „Überforderung" heutzutage viel zu schnell und vor allem zu undifferenziert eingesetzt wird. Franziska war nicht durch die Übungen überfordert, sondern durch ihre schlechten Noten, da sie im Grunde ein eher ehrgeiziges Kind geblieben ist – trotz ihrer Schulschwierigkeiten. Jetzt hat sie erfahren, dass es sich lohnt durchzuhalten; sie ist auf ihre Leistungen stolz und kann auf diese Erfahrung aufbauen. Ihre Mutter variiert das Therapieprogramm in Bezug auf die Intensität jeweils entsprechend Franziskas Motivationslage und den Anforderungen durch den schulischen Alltag.

Sozialverhalten bzw. ergänzendes Verhaltensmanagement bei ADS/ADHS

Aus den typischen Merkmalen bzw. Charakteristika eines ADS-/ADHS-Kindes ergibt sich bereits die erforderliche Reaktion der Umgebung: Da diese Verhaltensauffälligkeiten auf Wahrnehmungsstörungen zurückzuführen sind, ist es dem Kind nicht möglich, nur mit viel gutem Willen sein Verhalten zu ändern. Hierzu benötigt es unbedingt eine Anleitung und Führung. Cordula Neuhaus fasst das Verhaltensmanagement, gerade Kindern mit ADHS gegenüber, zusammen, indem sie betont, dass ein „einschätzbarer, möglichst homogener, konsequenter und kontinuierlicher Erziehungsstil auf der Basis der liebevollen Angenommenheit erarbeitet werden muss".

Zwei Dinge sind darüber hinaus noch von großer Bedeutung: Zum einen muss das betroffene Kind akzeptieren, dass man ihm durch ein individuell erstelltes Therapieprogramm die Möglichkeit gibt,

Wichtig sind ein konsequenter Erziehungsstil und eine verlässliche Zuwendung.

sich in den unterschiedlichsten Bereichen zu verbessern. Zum anderen ist für die Eltern die Umstellung auf ein solch konsequentes Therapieprogramm am Anfang genauso schwierig wie für das Kind. Damit das Therapieprogramm besser in den Alltag integriert werden kann, empfehle ich gezielte Absprachen, an die beide Seiten – Eltern *und* Kind – sich halten müssen. Wird das Therapieprogramm zur selbstverständlichen Routine, ist schon sehr viel erreicht.

Ausführlicher möchte ich an dieser Stelle nicht auf den speziellen Umgang mit ADS-/ADHS-Kindern und Jugendlichen, auf das so genannte Verhaltensmanagement, eingehen, sondern verweise diesbezüglich auf das Buch von C. Neuhaus „Hyperaktive Jugendliche und ihre Probleme".

In diesem Buch ist dem Verhaltensmanagement sowohl von Seiten der Eltern als auch von Seiten der Lehrer und anderen Personen im Umgang mit ADS-/ADHS-Kindern und Jugendlichen ein breiter Raum gewidmet.

Zusammenfassend kann gesagt werden, dass gerade auch die Lehrer ein Kind mit ADS/ADHS gefühlsmäßig annehmen müssen, so anstrengend der Umgang mit diesem Kind auch sein mag. Denn speziell Kinder mit ADHS lernen eher ihrem Lehrer zuliebe als um der Sache willen. Entsprechend sollte die Motivation sein, wobei eine enge Absprache zwischen Elternhaus und Schule stattfinden sollte. Ein Detail möchte ich an dieser Stelle noch erwähnen: Weitschweifige Erklärungen führen bei einem ADS-/ADHS-Kind nicht zum Ziel. Kurz, knapp und klar strukturiert muss die Information sein, damit sie von diesen Kindern und Jugendlichen sicher wahrgenommen und verarbeitet werden kann.

Bei meinem Patientenklientel fällt immer wieder eine Verbesserung in ihrem Verhalten auf, jeweils entsprechend der Verbesserung in den einzelnen Wahrnehmungsbereichen. Diese Folgerung erklärt rückwirkend nochmals deutlich, dass die schwierige Verhaltenssituation bei ADS-/ADHS-Kindern auf deren Wahrnehmungsstörungen zurückzuführen ist. Aus diesem Grund ist es so wichtig, dass das Kind möglichst konsequent (gewisse Abstriche unter Kompromissbereitschaft sind selbstverständlich immer denkbar) sein Therapieprogramm durchführt.

Leider ist es keineswegs so, dass diese Kinder ihre Verhaltens-auffälligkeiten automatisch bei Eintritt in die Pubertät ablegen. Ganz im Gegenteil sogar, die Pubertät bei Jugendlichen mit ADS, besonders mit ADHS, beschreibt C. Neuhaus mit den Worten „Superpubertät", da die in dieser Zeit entstehenden Konflikte weit über den Rahmen typischer Pubertätskrisen hinausgehen. Zusätzlich kommt es aufgrund der Impulssteuerungsschwäche zu weiteren Gefährdungen, sei es eine erhöhte Gewaltbereitschaft oder auch Suchtgefährdung. Bei Mädchen mit ADS/ADHS kommt es zusätzlich überdurchschnittlich häufig zu Essstörungen. C. Neuhaus schreibt: „Verhaltensexzesse zum Teil bizarrer Art sind bei Jugendlichen und jungen Erwachsenen mit ADHS an der Tagesordnung."

ADS/ADHS wächst sich in der Pubertät keineswegs aus.

Hyperaktive Kinder als „Jäger" zu bezeichnen (im Gegensatz zu den „Farmern"), wie es durch Thom Hartmann geschieht, tröstet die Familie sicherlich und hilft auch im Verständnis um die besondere Situation dieser Kinder weiter. Allerdings wird bei dieser Betrachtungsweise leicht verharmlost, welche immensen Probleme sich bei diesen Kindern und Jugendlichen entwickeln können. 66 Prozent der ADHS-Erwachsenen im Alter zwischen 20 und 30 Jahren lebt in sozialstabilen Verhältnissen, wenn auch nicht unbedingt in einem Beruf, der ihrem Intelligenzniveau entspricht. 34 Prozent schaffen dies also nicht! In „Bild der Wissenschaft" erschien im September 2001 ein Artikel („Kriminelle Kinder – immer öfter, immer früher") über die Zusammenhänge zwischen hyperkinetischem Verhalten in der Kindheit und möglicher Kriminalität im Erwachsenenalter. Unter anderem wird das Ergebnis einer kürzlich durch das Zentralinstitut für Seelische Gesundheit in Mannheim durchgeführten Studie zitiert: „Kinder, die mit acht Jahren als hyperkinetisch oder dissozial eingestuft wurden, waren als Erwachsene fast sechsmal häufiger kriminell als andere."

Würde von Seiten der zuständigen Erzieher, Lehrer, Therapeuten und Ärzte offen und ehrlich diese Gefährdung den Eltern gegenüber verdeutlicht, wären sehr viel mehr Familien dazu bereit, sich auf ein intensives Therapieprogramm einzulassen, welches zwar anstrengend ist und ein gewisses Durchhaltevermögen erfordert, aber letztendlich doch dazu beiträgt, dass die Zukunft besser gemeistert werden kann.

Jedem, der sich intensiv mit diesem Thema auseinander gesetzt hat, leuchtet ein, dass diese Kinder eine deutlich strukturierte Erziehung mit klaren Grenzen und klaren Botschaften benötigen. Erziehungskonzepte für den Kindergartenbereich sollten sich auf diese Tatsache einstellen. Speziell der in den letzten Jahren aufgekommene so genannte „situationsorientierte Planungsansatz" läuft allerdings Gefahr, dass er zwar den Bedürfnissen eines ADHS-Kindes nach motorischen Aktivitäten, sich z. B. offen in der Einrichtung bewegen zu können, entgegenkommt, aber doch oft eindeutige Grenzen und eine enge Führung des Kindes vermissen lässt. Aus diesem Grund haben ADS-/ADHS-Kinder besonders große Schwierigkeiten, sich in einem Kindergarten mit solch offenem Konzept zurechtzufinden. Auf dem Kinder- und Jugendärztetag Karlsruhe fand die Forderung, gerade im Kindergartenbereich diesen Kindern (aber letztendlich nicht nur speziell Kindern mit ADS/ADHS) wieder zu mehr Sicherheit und Orientierungsmöglichkeiten zu verhelfen, indem die Grenzen klarer vorgegeben und strukturierter werden, deutlichen Anklang. Die Reaktion der ca. 900 anwesenden Kinder- und Jugendärzte war so eindeutig, dass zu hoffen bleibt, dass dieses in den letzten Jahren an vielen Orten übernommene neue Erziehungskonzept erneut überdacht und entsprechend den hier formulierten Bedürfnissen überarbeitet wird.

Bei etlichen meiner Patienten konnte ich diese Probleme bestätigt finden, da die Kinder aufgrund ihrer Wahrnehmungsstörungen durch die in einem solchen Kindergarten zu großen Freiheiten bezüglich ihrer eigenen Entscheidungen vollständig überfordert waren.

Die medikamentöse Therapie bei ADS/ADHS

Die medikamentöse Therapie kann nur eine Ergänzung in einer Gesamttherapie sein.

Prinzipiell bin ich bei ADHS kein Gegner einer medikamentösen Therapie (z. B. Methylphenidat). Allerdings sollten die möglichen Nebenwirkungen, wie z. B. Stimmungsschwankungen mit depressiven Phasen oder auch Appetitlosigkeit, nicht verharmlost werden. Dr. Kohns empfahl auf dem Karlsruher Kongress (s. o) eine Therapie mit Ritalin (Methylphenidat) unbedingt dann – und zwar schwerpunktmäßig –, wenn Aufmerksamkeitsstörung, Hyperaktivität und verstärkte Im-

pulsivität zusammenfallen (siehe Abb. 47). Bei diesen Kindern sollte man auch nicht warten, bis die Nerven einer Familie „blank liegen", sondern die Beschreibung der Situation durch die Eltern ernst
nehmen, auch wenn das Kind sich in der ärztlichen oder therapeutischen Praxis nicht auffällig benimmt. Denn für eine solche kurze
Zeitspanne kann sich ein ADHS-Kind sehr wohl zu gutem Benehmen
zwingen, sofern es dies wirklich will.

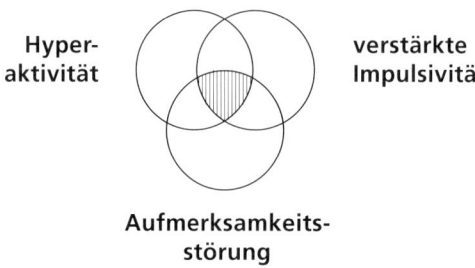

Abb. 47: Nach Dr. Kohns:
Bei dieser Konstellation
(in der Schnittmenge der
Kreise) unbedingte The-
rapieempfehlung für
Methylphenidat!

Genau bei diesem Personenkreis stelle ich in meiner Praxis ebenfalls
am ehesten eine positive Wirkungsweise von Ritalin fest. Speziell bei
ADHS-Kindern im Kindergartenalter hilft Ritalin in deutlich geringe-
rem Umfang bei gleichzeitig höherer Rate an Nebenwirkungen als bei
Schulkindern. Bei ADS-Kindern ohne entsprechende Hyperaktivitätszeichen und ohne verstärkte Impulsivität habe ich ebenfalls eher
selten zufrieden stellende Erfolge beobachten können.

Generell lautet somit die von mir vorgeschlagene Therapie-Rei-
henfolge bei ADHS dahingehend:

Konsequenter Beginn mit einem Therapieprogramm im Rahmen der Psychomotorischen Ganzheitstherapie, welches
durch die Samonas-Therapie ergänzt werden kann. Erst wenn
diese ganzheitlichen Maßnahmen nicht zufrieden stellend greifen sollten (eine Konsequenz in der Therapieintensität stellt
natürlich eine gewisse Voraussetzung dar), halte ich die zusätzliche Gabe von Ritalin für sinnvoll. Manchmal kann die Medikation mit Ritalin allerdings auch dazu dienen, eine bessere
Kooperation bezüglich des Therapieprogramms durch das
Kind zu erreichen.

Ich erlebe es immer wieder, dass aus der medikamentösen Ergänzung durch Ritalin eine ausschließliche Therapie mit Ritalin wird – leider auch wegen der diesbezüglichen Beratung durch die betreuenden Ärzte, die Ritalin verschrieben haben (siehe unten). Nach einer anfänglichen Verbesserung durch Ritalin, was in diesen Fällen durch den behandelnden Kinderarzt oder ein spezielles Zentrum verordnet worden ist, erfolgte bei etlichen meiner Patienten dann doch wieder ein Einbruch – trotz korrekter Dosierung. Allein die zerschlagenen Hoffnungen machen das Kind und die Familie depressiv, unabhängig von den möglichen medikamentösen Nebenwirkungen. Letztendlich führt diese Erfahrung zu einer erneuten Akzeptanz des Therapieprogramms durch die jetzt entstandene Einsicht des Kindes, dass die von mir vorgegebenen Übungen zwar lästig, aber zur Verbesserung der Situation unumgänglich sind.

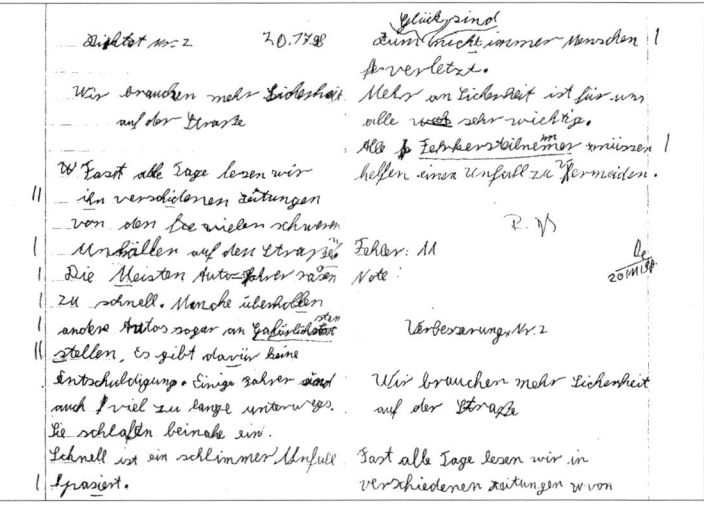

Abb. 48: Diktat vor Beginn der Psychomotorischen Ganzheitstherapie

Richard fiel in der Grundschule durch sehr gute Leistungen in Mathematik bei gleichzeitig großen Rechtschreibproblemen und einer extrem schwer leserlichen Handschrift auf. Die im Vorschulalter durchgeführten Vorsorgeuntersuchungen ergaben in keinem Fall einen pathologischen Befund, obwohl Richard sowohl daheim als auch im Kindergarten aufgrund seiner beeinträchtigten Handgeschicklichkeit immer etwas toll-

patschig wirkte. Beim ersten Vorstellungstermin zeigten sich neben der deutlich reduzierten Aufmerksamkeitsspanne u. a. eine nicht vollständige Kreuzmuster-Reihe, Probleme in einzelnen optischen Detailfunktionen (z. B. optische Ordnungsschwelle und optische Behaltensschwäche), in akustischen Detailfunktionen (u. a. ebenfalls in der Ordnungsschwelle) eine deutliche Dysdiadochokinese. Entsprechend dieser Befunde wurden von mir die Übungen zusammengestellt. Bereits beim darauffolgenden Termin hatte sich Richards Handschrift enorm gebessert (siehe Abb. 49), was natürlich auch dazu führte, dass er selbst seine Fehler besser erkennen und somit korrigieren konnte. Die schulische Situation entspannte sich derart, dass Richard die Gymnasialempfehlung erhielt.

Leider war dies für Richard das Signal, die Übungen auszusetzen. Als er in der schulischen Leistung in der fünften Klasse einbrach, wurde den Eltern von anderer Seite empfohlen, Ritalin zu geben. Es stellten

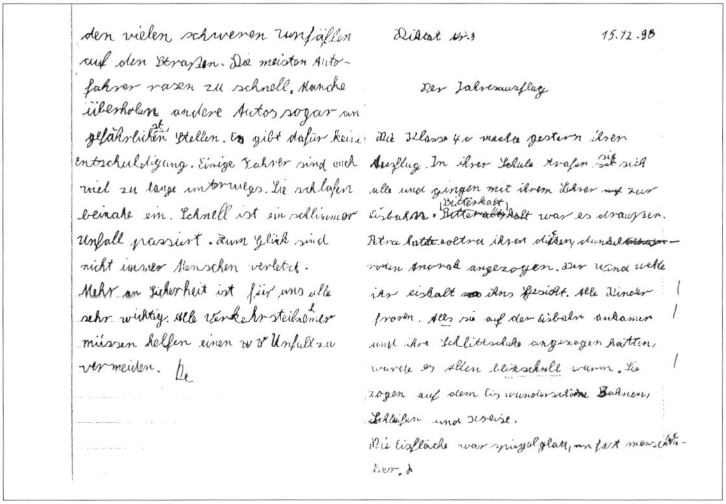
den vielen schweren unfällen auf den Straßen. Die meisten Autofahrer rasen zu schnell. Manche überholen andere Autos sogar an gefährlichen Stellen. Es gibt dafür keine Entschuldigung. Einige Fahrer sind auch viel zu lange unterwegs. Sie schlafen beinahe ein. Schnell ist ein schlimmer Unfall passiert. Zum Glück sind nicht immer Menschen verletzt. Mehr an Sicherheit ist für uns alle sehr wichtig. Alle Verkehrsteilnemer müssen helfen einen Unfall zu vermeiden.

Diktat Nr. 3 15.12.98

Der Jahresausflug

Die Klasse 4a machte gestern ihren Ausflug. In ihrer Schule trafen sie sich alle und gingen mit ihrem Lehrer zur Eisbahn. Bitterkalt war es draußen. Petra hatte sich ihren dicken dunkelroten Anorak angezogen. Der Wind wehte ihr eiskalt ins Gesicht. Alle Kinder froren. Als sie auf der Eisbahn ankamen und ihre Schlittschuhe angezogen hatten, wurde es allen blitzschnell warm. Sie zogen auf dem Eis wunderschöne Bahnen, Schleifen und Kreise. Die Eisfläche war spiegelglatt, wie fast menschenleer.

Abb. 49: Diktat vier Monate nach Beginn der Psychomotorischen Ganzheitstherapie

sich nur minimale Verbesserungen ein, aber deutliche Veränderungen in Richards Grundstimmung. Die Situation wurde immer unerträglicher für ihn, so dass zunächst Ritalin abgesetzt wurde. Anschließend erfolgte ein erneuter Termin in meiner Praxis. Zu diesem Zeitpunkt unterliefen Richard auch häufig im Fach Mathematik so genannte „Flüchtigkeitsfehler“, so dass auch hier seine Noten schlechter wurden.

Ich änderte das Programm entsprechend der neuen Situation um. So ergänzte ich es z. B. durch die Samonas-Therapie, durch den Brain-Boy-Universal und durch das Trennschärfe-Training, da Richards Hauptschwierigkeiten nach wie vor in den akustischen Detailfunktionen liegen. Darüber hinaus sprach ich mit ihm eine konsequente Vorgehensweise sowohl in Bezug auf seine Hausaufgaben (einschließlich des von ihm wenig geliebten Vokabellernens) als auch in Bezug auf sein Übungsprogramm ab. Diese Kombination von konsequenter und regelmäßiger Übungsintensität mit gleichzeitig einzusetzenden Lernstrategien wird derzeit von Richard gut und bereitwillig akzeptiert. Allerdings stellt sich immer wieder heraus, dass Richard zwar willens ist, aber bezüglich der Konsequenz doch noch eine recht intensive Führung und Absprache benötigt.

Diese Vorgehensweise hilft auf der einen Seite, die Aufmerksamkeit zu verbessern und auf der anderen Seite möglichst wenig von dem Unterrichtsstoff zu verpassen bzw. diesen daheim konsequent zu wiederholen. Die ersten Fortschritte sind bereits wieder erreicht worden: Bei häuslichen Diktaten unterlaufen Richard nur noch sehr wenige Fehler. Gleiches gilt für das Abfragen von Vokabeln. Diese Verbesserungen konnte er, zumindest ansatzweise, jetzt auch im Klassenverband erreichen – trotz der dort aufgrund der unterschiedlichen Geräuschquellen erschwerten Bedingungen. Auf Grund dieser gesamten positiven Entwicklung wurde er von der sechsten in die siebte Klasse versetzt, so dass er auf dem Gymnasium bleiben kann.

Regelrecht euphorisch klingende Berichte über die Besserung der Symptomatik durch Ritalin, zum Teil sogar nach Absetzen der Medikation, kann ich persönlich nicht bestätigen. Dies auch dann nicht, wenn eine ausreichend hohe und konsequente Dosierung gewährleistet ist. Von Jahr zu Jahr steigen auch bei uns in Deutschland die Fallzahlen der mit Ritalin behandelten Kinder. Berücksichtigen sollte man, dass in den USA (einem Land mit sehr hoher Ritalin-Akzeptanz), allmählich wieder von dieser breiten Anwendung Abstand genommen wird – sowohl wegen der Nebenwirkungen als auch wegen der häufig zu geringen Wirkung.

Die Therapieintensität

Gerade über die erforderliche Therapieintensität wird häufig sehr widersprüchlich diskutiert. Diese Diskussionen werden in der Überlegung geführt, ein Kind bzw. die Familie nicht zu überfordern. Der Gedanke ist auf jeden Fall richtig. Jedoch darf er nicht dahin führen, dass die Therapieintensität so weit herabgeschraubt wird, dass eine Wirkung von vornherein kaum zu erwarten ist.

Die Übungen sollten über einen längeren Zeitraum möglichst regelmäßig und konsequent durchgeführt werden.

ADS-/ADHS-Kinder benötigen nach neueren Studien die 18fache Zeit, bis sich Abläufe bzw. Verhaltensmuster automatisiert haben. Dies darf keinesfalls dazu führen, einen Versuch von vornherein zu unterlassen, nach dem Motto „Der lernt das ja eh nicht!", sondern dies sollte ganz im Gegenteil eine Bestätigung dafür sein, dass man durch intensives Üben sehr wohl viel erreichen kann und auch nicht zu früh entmutigt aufgeben sollte.

Bei lediglich entwicklungsauffälligen Kindern aus dem Regelbereich findet sich sehr oft die Situation, dass das Kind viele weitere Interessen – sei es Musik, Sport oder auch Spiel mit den Freunden hat –, so dass es meint, für Übungen sei keine Zeit mehr übrig. Auch wenn diese kindlichen Gedankengänge nur zu gut verständlich sind, sind sich die allermeisten Therapeuten darüber einig, dass Verbesserungen durch lediglich eine halbe Stunde Therapiezeit pro Woche (wie es häufig durchgeführt wird, wenn die Therapie ausschließlich in der therapeutischen Praxis stattfindet) nicht zu erwarten sind.

Eine solche Einigkeit unter den Therapeuten besteht allerdings nur dahingehend, dass dies eine stillschweigende Übereinstimmung ist. Diese für die Familie unangenehme Wahrheit auszusprechen, wagen dagegen längst nicht alle Therapeuten.

Bei meinen Therapieprogrammen ist davon auszugehen, dass bei entwicklungsauffälligen Kindern aus dem Regelbereich für den Anfang meistens *eine Zeitspanne von ca. 20 bis 30 Minuten pro Tag veranschlagt werden muss (am Wochenende wird eine Pause eingelegt).* Meistens sind täglich zwei Durchgänge aller Übungen zu empfehlen, wobei die jeweiligen Übungen zwischen zwei und fünf Minuten pro Durchgang an Zeit erfordern. Selbstverständlich kann diese zeitliche Dauer je nach schulischer Belastung (Nachmittagsunterricht, Musikschule, Vereinssport usw.) zum einen variiert, zum anderen auch im eigenen Ermessen der Familie für bestimmte Tage reduziert werden. Letztendlich zeigt sich, dass bei einem konsequenten Vorgehen sehr wohl auch Abstriche gemacht werden können und trotzdem Fortschritte erreicht werden.

Die Kinder, die bereit sind, konsequent in das Therapieprogramm einzusteigen, sehen sehr viel schneller die entsprechenden Fortschritte und werden wiederum durch diese Fortschritte motiviert, das Therapieprogramm beizubehalten, als *diejenigen* Kinder, die sich von Anfang an auf lange Diskussionen und minimale Übungseinheiten einlassen. Denn letztere werden natürlich nicht durch entsprechende Fortschritte motiviert, da diese sich erst sehr viel später oder bei fast kompletter Therapieverweigerung überhaupt nicht einstellen.

Aufgrund der langjährigen Erfahrung mit meinen Patienten halte ich es für am effektivsten und erfolgreichsten, wenn die Therapie daheim mit dem Kind durchgeführt wird. Allerdings können Kindergarten und Schule diese spezielle Förderung ergänzen. Sei es, dass z. B. im Kindergarten für alle Kinder täglich zehn Minuten Kreuzmuster-Übungen über die gesamte Kreuzmuster-Reihe in den Alltag integriert werden. Oder aber die Padovan-Übungen als Fingerspiel in den Stuhlkreis aufgenommen werden. In der Schule könnte ebenso die Kreuzmuster-Reihe im Sportunterricht oder aber weitere Teile der in diesem Buch erwähnten Übungen in den speziellen Stützunterricht für Kinder mit den erwähnten minimalen Teilleistungsstörungen integriert werden. Dann würden die Kinder jeweils entsprechend ihrer individuellen Wahrnehmungsstörungen gefördert und die Förderung wäre somit wesentlich effektiver!

Nachhilfeunterricht sollte speziell aufgebaut werden.

Eine weitere Möglichkeit, die Übungen in den Alltag des Kindes zu integrieren, bestünde auch darin, sie als festen Bestandteil in einen eventuell gegebenen Nachhilfeunterricht aufzunehmen. Die übliche „Nachhilfe" beschränkt sich leider noch in den allermeisten Fällen auf die Wiederholung oder speziell aufgearbeitete Vermittlung des Schulstoffes, sei es durch so genannte Nachhilfeschulen, privat organisierte Lehrer oder Schüler aus höheren Klassen. Dies ist sicherlich bei Kindern ohne Wahrnehmungsstörungen eine korrekte und auch Erfolg versprechende Vorgehensweise. Doch gerade Kinder mit ADS/ADHS würden sehr viel mehr von einem speziellen Unterricht profitieren, wenn die in diesem Buch genannten Gesichtspunkte – sowohl in Bezug auf die Befunderhebung als auch auf die daraufhin zusammengestellten Übungen – berücksichtigt würden. Ideal wäre es, eine solche Nachhilfestunde aufzuteilen: Zunächst z. B. Kreuzmuster-Übungen, dann Wahrnehmungstraining, dann Fingerübungen und erst daran anschließend der übliche Unterricht. Allerdings gilt auch hier: Eine Therapieintensität von einer Therapieeinheit in der Woche reicht nicht aus.

Gerade bezüglich der Übungsintensität und der Konsequenz in der Durchführung der Übungen muss darauf hingewiesen werden, dass insbesondere bei den Kindern eine ausreichende Übungsintensität schwierig zu erreichen ist, deren Eltern ebenfalls von einem Störungsbild dieser Art (ADS/ADHS) betroffen sind. Wie weiter vorne berichtet (siehe Seite 24, 113 f.), kommen die Hyperaktivitätszeichen bei Erwachsenen nur wenig zum Tragen. Ausgeprägt sind aber die gestörte Impulsivität und besonders die verringerte Aufmerksamkeitsspanne. Dies bedeutet, dass es den Eltern äußerst schwer fallen muss, zusätzlich zu ihrem üblicherweise zu organisierenden Tagesablauf noch den Ablauf der Übungen organisieren und verkraften zu müssen. Gerade für diese Familien halte ich eine Hilfe von außen durch privat organisierte Nachhilfestunden, in denen ein Übungsprogramm im Rahmen der Psychomotorischen Ganzheitstherapie durchgeführt wird, für eine gute Kompromisslösung. Hierdurch kann eine konsequente Durchführung der Therapie bei gleichzeitiger Entspannung der familiären Situation erreicht werden.

Insgesamt muss davon ausgegangen werden, dass Erfolgsaussichten nur bestehen, wenn Eltern *und* Kinder willens sind, konsequent und mit einer abgesprochenen Intensität in das Übungsprogramm einzusteigen.

> Letztendlich liegt es somit an der jeweiligen betroffenen Familie, die Entscheidung gemeinsam zu treffen, inwieweit sie die erforderlichen Anstrengungen als lohnend erachtet oder nicht.

Zusammenfassung

Ich hoffe, Sie sind nun nicht enttäuscht darüber, dass ich Ihnen mit meinem Konzept der Psychomotorischen Ganzheitstherapie ein Therapiekonzept zur Behandlung von Kindern mit ADS/ADHS vorgestellt habe, welches mit Anstrengung und Arbeit verbunden ist. Doch ohne solche Anstrengungen erreichen Sie bei Ihrem Kind nicht die positive Entwicklung, die seiner Intelligenz entspricht.

Mit diesem Buch will ich Ihnen Mut machen. Mut, Ihrem Kind in seiner Erziehung klare Grenzen und Strukturen zu geben. Mut, nicht voreilig zu Medikamenten zu greifen, auch wenn Ihre Umgebung Sie dazu drängt. Mut, sich ein Therapieprogramm für Ihr eigenes Kind aufzustellen, welches sich an den in diesem Buch vorgeschlagenen Möglichkeiten orientiert.

Sie werden sehen, wie sich in vielen kleinen Schritten Verbesserungen einstellen werden. Klare Absprachen zwischen Eltern und Kind müssen in dieser Zeit eingehalten werden. Lassen Sie sich von den Lehrern Ihres Kindes oder auch von Ihrem Kinderarzt dabei helfen. Mit dem Kinderarzt sollten Sie auch absprechen, inwieweit Medikamente als *Ergänzung zu diesem Therapieprogramm* sinnvoll sein können oder nicht.

Setzen Sie darauf, dass Ihr Kind durch die erreichten Fortschritte motiviert wird. Aber rechnen Sie auch mit einer gewissen Bequemlichkeit Ihres Kindes, von dem Sie letztendlich noch nicht verlangen können, den Ernst der Situation zu erfassen. Hier müssen Sie die Richtung vorgeben. Denken Sie (und handeln Sie danach!) in diesem Fall an die Regeln des Verhaltensmanagements, auf die ich Sie hingewiesen habe (siehe Seite 111 ff.).

Nicht nur Ihr Kind muss lernen, mit der neuen Situation zurechtzukommen. Auch Sie müssen lernen, wie Sie diese Übungen als zusätzliches Element in Ihren Tagesablauf und in den Ihrer Familie integrieren können. Geben Sie sich eine gewisse Zeit, in der Sie allmählich, aber konsequent einsteigen können.

Diese täglichen 20 bis 30 Minuten, auch wenn sie sicherlich nicht immer einfach einzuhalten sind, werden sich lohnen.

Adressen

Anschrift der Autorin:
Dr. med. Christel Kannegießer-Leitner, Sibyllenstr. 3, 76437 Rastatt

Weitere Praxisadressen, die nach dem Konzept der Psychomotorischen Ganzheitstherapie arbeiten:

Dr. med. Gabriele Sörgel, Moltkestr. 11, 39576 Stendal

Dr. Theresia Stöckl-Drax, Bahnhofstraße 10, 82131 Gauting

Glossar

Akustisch: Auf das Gehör bezogen.
Audiometrie: Hörtest.
BERA: Brainstemed Electric Response Audiometrie. Objektiver Hörtest unter Ableitung eines EEG.
Diskrimination: Fähigkeit, gleichzeitig an verschiedenen Punkten gesetzte Reize zu erkennen und zu unterscheiden.
Dominanz: Eine Seite wird bevorzugt, so zum Beispiel beim Rechtshänder die rechte Seite, wobei möglichst eine durchgehende Seitendominanz für Auge, Ohr, Hand und Fuß bestehen sollte.
Dysdiadochokinese: Störung der Fähigkeit, die Hände zum Beispiel im Sinne einer Pronation/Supination (Drehbewegung der Hände) in schneller Folge zu bewegen.
Dysgrammatismus: Schwierigkeiten, die Sprache nach den Regeln der Grammatik zu gebrauchen.
ERA: Electric Response Audiometrie. Objektiver Hörtest unter Ableitung eines EEG.
Homolaterales Muster: Bewegungsform mit gleichseitiger Bewegung der Extremitäten, zum Beispiel rechter Arm und rechtes Bein abwechselnd mit linkem Arm und linkem Bein. Vergleiche hierzu Kreuzmuster.
Hyperton: Mit erhöhtem Druck oder mit erhöhter Spannung.

123

Hypersensibilität: Überempfindlichkeit im taktilen Bereich.

Hypoton: Mit zu wenig Druck beziehungsweise zu wenig Spannung.

Interdisziplinär: Mehrere Fachrichtungen betreffend.

Kinästhetisch: Betrifft die Bewegungsempfindung oder auch die Qualität der Tiefensensibilität.

Krabbeln: Bewegung auf dem Boden auf Händen und Knien, korrekt im Kreuzmuster (siehe dort).

Kreuzmuster: Überkreuztes Bewegungsmuster. Einsatz zum Beispiel des rechten Arms zusammen mit dem linken Bein und linker Arm zusammen mit dem rechten Bein.

Legasthenie: Übersetzt bedeutet dieser Ausdruck Leseschwäche; er steht jedoch für Lese- und Rechtschreib-Schwäche (LRS) aufgrund von Hirnteilleistungsstörungen mit normaler Intelligenz.

Motorisch: Der Bewegung zugehörig.

Neuroanatomisch: Der Anatomie des Nervensystems zugehörig.

Okklusionsverband: Abdeckverband.

Optisch: Dem Sehsystem zugehörig.

Patterning: Bewegungsmuster.

Peripher: Zum Beispiel werden Augen und Ohren als periphere Sinnesorgane bezeichnet, wohingegen die Verarbeitung der Reize im Gehirn als zentrale Verarbeitung gilt.

Pinzettengriff: Griff, bei dem Daumen und Zeigefingerspitze sich berühren. Die beiden Finger sind gestreckt und entsprechen so dem Bild einer Pinzette (siehe Zangengriff).

Phonematisch: Die bedeutungsunterscheidende Funktion der Sprachlaute betreffend.

Phonetisch: Die Theorie des Sprachschalls betreffend.

Pronation: Drehung der Hände mit Einwärtsdrehung des Daumens, so dass die Handfläche zum Beispiel auf dem Tisch aufliegt (als Eselsbrücke: Die Hand sieht jetzt wie ein „Brot" aus; siehe auch Supination).

Propriozeption: Körpereigenwahrnehmung.

Psychomotorik: Gesamtheit der durch psychische Vorgänge geprägten Bewegungen oder auch Zusammenspiel von Geist und Motorik.

Robben: Vorwärtsbewegung auf dem Boden mit Auflage des Bauches auf dem Boden, üblicherweise im Kreuzmuster.

Sensibilität: Empfinden durch die unterschiedlichen Sinnesorgane. Dieser Begriff wird am ehesten eingesetzt bei Berührungsempfindungen unterschiedlicher Art, weniger bei Empfindungen des akustischen oder zum Beispiel optischen Systems.

Sensorik: Empfindung, meistens im Unterschied zur Motorik.

Stereognosie: Die Fähigkeit, Gegenstände alleine durch Betasten zu erkennen.

Supination: Drehbewegung der Hände mit dem Daumen nach außen und zum Beispiel dem Handrücken auf dem Tisch (als Eselsbrücke: Man könnte „Suppe aus der Hand trinken").

Synapse: Umschaltstelle von einem Nerven zum anderen.

Taktil: Den Tastsinn betreffend.

Thalamus: Teil des Zwischenhirns. Wird auch als Umschaltstelle aller sensorischer Reize, die zum Großhirn ziehen, bezeichnet.

Visuell: Das Sehen betreffend.

Zentral: Ursprünglich „den Mittelpunkt bilden". In diesem Zusammenhang jedoch immer in Bezug auf das Gehirn als Zentrum benutzt.

Literaturverzeichnis

Affolter, F.: Wahrnehmung, Wirklichkeit und Sprache. Neckar Pädagogik, 1989

Annunciato, N.: Plastizität des Nervensystems: Chance der Rehabilitation. Aus: Neurophysiologie cerebraler Bewegungsstörungen als Tagungsbericht (1.–31.5.96). Hrsg. von der Vereinigung der Bobath-Therapeuten (Viebrock, H. und Brandl, U.)

Aust-Claus, E. / Hammer, P. M.: Das ADS-Buch. Oberste Brink, 1999

Ayres, A. J.: Bausteine der kindlichen Entwicklung. Die Bedeutung der Integration der Sinne für die Entwicklung des Kindes. Springer, 2. Auflage 1992

Bastian, H. G.: Kinder optimal fördern mit Musik. Schott, 2001

Calvin, W. H.: Wie das Gehirn denkt. Spektrum – Akademischer Verlag, 1998

Damasio, A.: Descartes' Irrtum. dtv, 1998

Dennison, P. E.: Befreite Bahnen. VAK-Verlag für angewandte Kinesiologie GmbH. Freiburg, 1984

Donczik, J.: Luria 90 Test. Selbstverlag, 1994

Dreikurs, R.: Kinder fordern uns heraus. Klett-Cotta, 1999

Fisher, A. G. et al.: Sensorische Integrationstherapie. Springer, 1998

Frölich, J.: ADHS: Modediagnose oder organische Erkrankung? Entwicklung des Krankheitsbegriffes – organische Grundlagen. Vortrag auf dem Kinder- und Jugendärztetag, 31. Jahrestagung des BVKJ e.V. vom 08. 06. – 10. 06. 2001 in Karlsruhe

Frostig, M.: Akustische Wahrnehmung. Lernschwierigkeiten angehen – gemeinsam mit allen Beteiligten. borgmann, Jahrestagungen 1995 und 1996

Gerster, P. / Nürnberger, C.: Der Erziehungsnotstand. Rowohlt, 2001

Gromball, J.: Wenn die Schulbank drückt – ADHS im Schulalter. Vortrag in Karlsruhe; s. o.

Grosse, K.-P. / Skrodzki, K.: Leitlinie der Arbeitsgemeinschaft ADHS der Kinder- und Jugendärzte: Diagnostik und Therapie bei ADHS, vom 14.02.2001

Gschwend, G. / Annunciato, N.: Neuropysiologische Grundlagen der Hirnleistungsstörungen. Karger, 1998

Hartmann, T.: Eine andere Art, die Welt zu sehen. Schmidt Römhild, 1997

Kannegießer-Leitner, C.: Ihr könnt mir wirklich helfen. Pflaum, 1998

Kiphard, E. J.: Sensomotorisches Entwicklungsgitter. Verlag Modernes Lernen, 1984

Kiphard, E. J.: Unser Kind ist ungeschickt. Reinhard-Ernst, 1989

Kohns, U.: Schreibaby, Quälgeist, Tollpatsch – ADHS im Vorschulalter. Vortrag in Karlsruhe; s. o.

Kotre, J.: Weiße Handschuhe – wie das Gedächtnis Lebensgeschichten schreibt. Carl Hanser, 1996

Kurten, L.: Das Puzzlespiel der Neuronen. Bild der Wissenschaft, 11, 1994

Largo, R. H.: Sollen und wollen wir die Entwicklung des Kindes wissenschaftlich untersuchen? In: Praktische Entwicklungsneurologie. Hrsg.: Schlack, H. G. et. al. Hans Marseille Verlag, 1994

Lösslein, H. / Deike-Beth, C.: Hirnfunktionsstörungen bei Kindern und Jugendlichen. Deutscher Ärzte-Verlag, 1997

Loose, A. C. / Piekert, N. / Diener, G.: Graphomotorisches Arbeitsbuch. Pflaum-Verlag, 1997

Merzenich, M. M. et. al.: Topographic reorganization of somatosensory cortical areas 38 and 1 in adult monkeys following restricted deafferentation: Neuroscience Vol. 8., No. 1., pp. 33 to 55, 1983

Michaelis, R. / Kahle, H. / Michaelis, U. S.: Variabilität in der frühen motorischen Entwicklung. In: Praktische Entwicklungsneurologie. Hrsg.: Schlack, H. G. et. al. Hans Marseille Verlag, 1994

Montessori, M.: Grundgedanken der Montessori-Pädagogik. Herder, 11. Auflage 1991

Neuhaus, C.: Das hyperaktive Kind und seine Probleme. Urania-Ravensburger, 10. Auflage 2002

Neuhaus, C.: Hyperaktive Jugendliche und ihre Probleme, Urania-Ravensburger, 3. Auflage 2001

Neuhaus, C.: Pubertät ohne Ende mit Chaos und Sternstunden – ADHS im Jugend- und Erwachsenenalter. Vortrag in Karlsruhe; s. o. Padovan, B.: Kursunterlagen über Neurologische Reorganisation (Teil I und II), 1994

Paulus, J.: Kriminelle Kinder – immer öfter, immer früher. Bild der Wissenschaft, September 2001

Pieplow, S.: Die Grammatik der Musik. In: Frankfurter Allgemeine Zeitung vom 15. 05. 2001

Pschyrembel, W.: Pschyrembel – Klinisches Wörterbuch. Walter de Gruyter, 1986

Sattler, J. B.: Übungen für Linkshänder. Auer, 2000

Schmid-Giovannini, S.: Sprich mit mir. Berlin 1976

Sears, W. / Thompson, L.: The A.D.D. Book. Little, Brown and company, 1998

Steinbach, I.: Die Klangtherapie. Techau-Verlag, 1997

Stöckl-Drax, T. / Kannegießer-Leitner, C.: Ernährung, Aufmerksamkeit und Hyperaktivität – gibt es da einen Zusammenhang? BIG Heft 30, 2001

Thompson, R. F.: Das Gehirn (Von der Nervenzelle zur Verhaltenssteuerung). Spektrum, 1994

Warnke, F.: Der Takt des Gehirns. Borgmann, 1999
Warnke, F.: Was Hänschen nicht hört. VAK-VerlagsGmbH, 1998

Zeitschriften sowie Arbeitsmaterialien als Auswahl

FLOH. Jugendzeitschrift, Domino-Verlag und Zeitschriftenvertrieb, München

Benz, E.: Praxisbuch Legasthenie. SCHUBI-Verlag

Brain-Boy-Universal (Ordnungschwellentrainer plus Training weiterer akustischer Detailfunktionen), Trennschärfetraining sowie Diktate – spielerisch vorbereiten, Heft plus CD-ROM. MediTECH Electronic GMBH, Tel.: 05130/79770

Gygax, E. / Oswald. H.: Übungen für lese- und rechtschreibschwache Kiinder. SCHUBI-Verlag

LOGLI-Reihe. Training für Rechtschreibung, Lesen, Rechnen, Konzentration und Aufsatztechnik. LOEWE-Verlag, zu beziehen über den Buchhandel oder über die Firma MediTECH (s. u.)

Rigling, P.: Hirnleistungstraining. Verlag Modernes Lernen, 1993

Schilling, S. / Prochinig, T.: Praxisbuch Dyskalkulie. SCHUBI-Verlag

SCHUBI-Learnsoft, Rechnen, Rechtschreibung, logisches Denken. SCHUBI-Verlag, Tel.: 07731/97230

Schreibhilfe Dreieckshülle. Riedel GmbH, Tel.: 07121/310865, Sport-Thieme (Rompa), Tel.: 05357/18181

Dank

Meiner Mutter Dr. Gerda Kannegießer möchte ich stellvertretend für alle anderen, die mich bei der Erstellung dieses Manuskripts unterstützt haben, danken. Ich schulde ihr besonderen Dank, da sie mit fachkundigen Ideen und großer Geduld meine Arbeit ergänzt hat.